仕事を奪われない
8つの思考法

AI時代に「必要とされる人」になる

이지성 イ・ジソン 著
黒河星子 訳

大和書房

EIGHT by Ji-Sung Lee

Originally published by THINKING GARDEN in Korea.

Japanese translation rights arranged with Hankyoreh Publishing Company
through Danny Hong Agency and The English Agency(Japan) Ltd.

とどまるか、跳び込むか

いまあなたが、炎に覆われて燃えている大型船舶の甲板の上に立っているとしよう。甲板の下約50メートル地点、ちょうどマンションの17階から見下ろしたくらいの位置に、冷たくて真っ黒な海水が荒々しく波立っている。

あなたはどうするだろう？

炎に覆われた甲板の上で右往左往して、炎に焼かれ、苦しみながら死ぬのか、それとも真っ黒な海に勇気を出して跳び込むのか。

おそらくあなたはこう答えるだろう。

「私なら海に跳び込む。甲板の上で焼け死ぬような馬鹿な真似はしない」。

1988年7月、アンディ・モカンは爆発事故が起こった海洋油田のプラットフォームに立っていた。事故現場で上がった火の手はまたたく間にプラットフォームに広がり、あちこちで真っ赤な火花と黒い煙が上がった。アンディ・モカンは迷うことなく波打つ冷たい海に跳び込んだ。アパート17階の高さから海へ飛び降りるのも命がけの行動ではあったが、燃えさかるプラットフォームの上にいるよりは生存率が高いと判断したからである。幸いにも彼は生きながらえ、しばらくして救助された。

話はここで終わりではない。燃える海洋プラットフォームの上には彼以外に167人いたが、彼らはその上で痛ましい最期を迎えた(1)。

あなたにもう一度問いたい。もしあなたが“燃えさかるプラットフォームの上”にいるとしたら、どうするだろうか。命をかけてひとりで海に跳び込むだろうか？　それとも、残された167人と運命をともにしただろうか？

いま、韓国という巨大な船が炎にのまれて沈もうとしている。国民は燃えさかる甲板で右往左往している。いや、船に何かが起きていることさえ知らずにボーっとしているかもしれない。

あなたはどうするだろう。世の中がどう変わったのかも知らないまま呆然として、痛ましい最期を迎える人々と同じ運命を辿るのか。それとも、人工知能に代表される第四次産業革命という海へ跳び込むのか。

Eight—1分でわかる8つの思考

Eight 01
デジタルを遮断せよ

現在、最先端の教育現場には、IT機器が1台もない。AIに従属するのではなく、AIを使う側の人材を育てるためだ。私たちも、スマホを手放して思索しよう。

Eight 02
自分だけの生涯幼稚園を創ろう

モンテッソーリ幼稚園の教育哲学から、Googleの核心を学ぶことができる。すなわち、創造や対話をくり返すことで、AIに置き換えられない共感能力を高めるのだ。

Eight 03
KnowingからBeing.
Doingに転換せよ

もはや知識量だけでAIに勝つことは絶対に不可能だ。その事実に向き合い、「考えるための勉強法」を、歴史上の天才から学ぼう。

Eight 04
発想の転換—
「デザイン・シンキング」をしよう

子どもが泣き叫ぶほど恐ろしい検査を、発想の転換ひとつで楽しい冒険に変えてしまったデザイナー。彼の思考法から、デザイン・シンキングの重要性を知ろう。

Eight 05

「哲学」こそが人間固有の能力に目覚めるための武器である

シリコンバレーのCEOたちが、最も重要視している学問が「哲学」だ。なぜなら哲学こそが、AIにはない共感力を育ててくれるためだ。

Eight 06

眺め、共有し、融合せよ

AIは「トロッコ問題」を解決できるのか？　倫理という観点抜きにAIを発展させることには危険が付きまとう。この問題をしっかり考えてみるべきだ。

Eight 07

文化人類学的旅行を経験せよ

旅こそ人間らしさである。ただし、ただの旅ではなく、現地の人々と深く交流する「文化人類学的旅行」がAI時代では重要になる。

Eight 08

私から君、そして私たちの視座へ

ボランティアを通して、視座を変えることができる。利他と奉仕の精神こそが人間らしさ、すなわちAIに置き換えられない思考法なのだ。

目次

Part 3

10年後、あなたの居場所はない
—AIに指示を下す人 VS指示を受ける人

Prologue

ジョブズはなぜ死ぬ直前まで
人工知能にこだわったのか

その日がいつだったか、正確には思い出せない。ある日外に出ると、世の中が変わって見えた。みんなが手に何かかっこいいものを持っていて、それを夢中で見ているのだ。それが私のiPhoneとの出会いだった。そして、私がスティーブ・ジョブズのことを気になりはじめたきっかけである。

もちろん、ジョブズについては前からよく知っていた。私はかつて「ソクラテスと昼食ができるなら、アップルが持つすべての技術を公開してもいい」というジョブズの言葉を胸に、読書と思索を繰り返した。そしてこの言葉は、アメリカのピーター・ドラッカーとヨーロッパのチャールズ・ハンディに代表される「ソクラテス式経営法」をジョブズ流に表現しただけだということもわかった。また、現代経営学の系譜が「ソクラテス以前の哲学者→ソクラテス→プラトン→アリストテレス→アレクサンダー大王→ハーバード・ロー・スクール→ハーバード・ビジネス・スクール→ジョージ・マーシャル→ピーター・ドラッカー、チャールズ・ハンディ」とつながっているということまで知った(1)。

iPhoneの話に戻ろう。私はiPhoneに出会ってというより、むしろ、ジョブズを教祖のように崇めiPhoneを経典のように扱う人々を見て、ジョブズの考え、哲学、感性などに心底興味がわいた。三流企業に過ぎなかったサムスンを今日のサムスンまで押し上げた李《イ》健《ゴン》熙《ヒ》は、次のように話している。

「バスがどうやって作られたのかも知らないまま乗ったら、それはバスに乗るのではなくバスに積まれているようなものだ」

ジョブズが死の直前までこだわったもの

2010年11月に私の著書『リーディングでリードせよ』が出版された。当時、韓国では「人文学」という言葉は学界でしか使われておらず、「我々は人文学に取り組まなければならない」というテーマで368ページ（2016年に発行された改訂版では432ページ）にもわたる本を出版するなんて正気の沙汰ではないと周りからは言われた。失敗するに違いない、と。しかし驚くべきことに、この本は出版されるやいなや大ベストセラーとなった。そして当時のメディアの表現を借りるなら——自分の口から言うのはためらわれるのだが——「韓国に人文学の火をつけた」と評された。

本が出版されて約4ヵ月後の2011年3月、韓国の人文学ブームにさらに油が注がれた。スティーブ・ジョブズがiPad2の発表の場で、「アップルは人文学と科学技術の交差点で誕生した」と話したのである。すぐさま産業界は大きくざわめき、「ジョブズの成功要因は人文学だった」「いまこそ私たちは人文学を学ばなければ」と口々に言われるようになった。企業の関心は学界に向かい、勘の良い一部の学者が企業の求める人文学講義などを始めた。企業が動くと、すぐに大学、政府、国会、自治体、社会団体などがそれに続き、とうとう韓国中が人文学に沸きはじめた。

私はどういうわけか、その旋風の真ん中に立つことになった。ある日気づいたら、財閥や経営者、政治家たちの前で人文学講義をしている自分がいたと言ってもいいかもしれない。でも、気分はまったくすぐれなかった。私は一時、20億ウォン（約2億円）の借金を負って、倉庫を不法改造した屋上部屋（もともと居住用ではない屋上の小屋のようなスペース。韓国の低所得者の住居として知られている）で暮らしていたような人間だ。あのとき、どれほど神に祈り、誓ったことだろう。作家として成功させてくれさえしたら、いまの自分のように苦しい生活をしている人々のために人生をささげる、と。

華やかな席に招待されるたび、無名時代の誓いが頭をよぎった。幸いにも、私の悩みはあまり長くは続かなかった。私はある日突然、上流社会との縁を切ったのだ(2)。

そしてファンカフェ（韓国で一般的な、芸能人や著名人のファンが集うコミュニティーサイト）「ポレポレ」の会員とともに韓国の地域児童センターを対象に人文学教育を提供し、北朝鮮の飢餓児童と脱北者を支援する仕事や海外の貧しい村に学校を建てる事業を始めた。

私は特に海外の貧しい村のプロジェクトに深く関わってきたが、東南アジア、インド、パキスタン、ロシア、南米はもちろん、中東とアフリカ、シリア難民キャンプなどに学校を建てるだけではなく、その学校を訪問して長期滞在することもあった。

ジョブズの人文学とは何か

世界三大貧民都市のフィリピン、トンドでボランティア活動をしたときのことである。一日の予定を終え、市内の書店に立ち寄ると、スティーブ・ジョブズが認めた自身の唯一の伝記、ウォルター・アイザックソンの『スティーブ・ジョブズ』の英語版があちこちに陳列されていた。

「みんな、口をそろえてスティーブ・ジョブズが語った人文学のことを話すが、ジョブズが話した人文学とは何なのか」。人文学は通常、哲学、歴史、文学に分けられる。哲学ひとつとっても西洋哲学、東洋哲学、印度哲学などがあり、西洋哲学もまた古代哲学、中世哲学、近代哲学など多様なジャンルがある。ジョブズの人文学とはいったい、どの時代の誰の哲学、あるいは歴史、文学なんだ？

後日、私はこれについて『考える人文学』に詳細に記した。

2011年10月5日、スティーブ・ジョブズがこの世を去り、世界中の人々が彼の死を悼んだ。私は、そんな様子を見てふとあることが気になった。

「ジョブズは死の間際に何をしたのだろう？　がん病棟などに莫大な寄付をしたのかもしれない。最期は、愛する人々と有意義な時間を過ごすことができたのだろうか？」

このような私の憶測とは異なり、ジョブズは死の寸前まで人工知能に没頭していた。

ジョブズは2010年4月に約2,260億円を投資して人工知能のスタートアップ企業を買収し[(3)]、iPhoneのAIプロジェクトを指揮し、Siriを開発した。そしてジョブズは、Siriが搭載されたiPhone 4Sの発表があった次の日にこの世を去った。

「人工知能とはどれほどのものなのか？」

私は以前から、アメリカの伝説的なIT起業家が人工知能に生命をかけているという事実を知っていた。2004年に翻訳出版された『Buffett & Gates on Success』でビル・ゲイツが「私は人工知能に関する情報がある場所なら何をおいてでも駆けつけます」と発言していたからだ[(4)]。

しかし、そのころの私にとって人工知能とは、SFと科学の境界線にあるものだった。いや、むしろSFに近いものとして考えていた。私はジョブズの死をきっかけにして、人工知能について深刻に受けとめるようになり、2015年3月、勉強した内容の一部を『考える人文学』で発表したのだった。

誰も関心を持たなかった

『考える人文学』は、出版されてから約2ヵ月でベストセラー総合1位の座を獲得した。このとき、私は内心期待していた。韓国でも人工知能への爆発的な関心が巻き起こるだろう、と。結論から言えば、私の期待は外れた。まったく誰も、人工知能に関心を持たなかったのだ。私は挫折し、しばらく人工知能について考えないことにした。

そんなある日、私のもとに出版社から連絡が来た。たしか、「アルファ碁」で全国が大騒ぎしていたころだったと思う。世界一の棋士がAIに敗れた、あの事件である。「人工知能と人文学」をテーマに講義をしてくれというその依頼に対し、私はすぐに引き受けると答えた。

4万人 VS 4,996万人

その企業での講義は一種のターニングポイントだったようで、急に人工知能について講義してくれという依頼が私のもとに全国から集まりはじめた。そして次第に、私自身も人口知能の脅威について真剣に考えるようになり、この本の執筆を決意したのだ。

しかしペンを取るのは容易くなかった。2年間全国を回って講義をしたとはいえ、ひと月に多くて5、6回講義をしただけである。一回の講義の聴衆が平均300人とすれば、私の講義を聴いた人は全部でせいぜい4万人である。逆に考えると、人工知能の講義を聞かない人、要するに人工知能について特別な関心がないと推定される残りの国民が約4,996万人ということになる。

韓国社会の環境を考えてみよう。代表として、韓国の教育を牛耳っているとされる「江南《カンナム》８学群」(ソウルの江南区、ソチョ区に位置する８校の高校を指す。ソウル大学など難関校の進学者の割合が多い)を見てみると、いまこの瞬間にも、詰めこみ式教育をさらに推し進めようと躍起になっているという印象を抱かずにはいられない。シリコンバレーの未来型の学校などは将来的にAIのIQ指数が１万を突破するとして、詰めこみ式教育は何の役にも立たないと謳い、AIが持つことのできない能力を持つ子どもたちが育つような教育プログラムに注力しているというのに。たとえるなら、もう鉄砲が発明されているのに、子どもたちに多少性能の良い弓を作る方法を教えているようなものだ。または、電気が発明され、これから電気文明を築いていかなければならないのに、子どもたちにより長く燃えるろうそくを作る方法を教えているようなものではないか。

“ロボットの人間代替率”世界1位の国

政府の無知と無能によって起きている人工知能ショックの結果は、そっくりそのまま国民が引き受けることになるだろう。ロボットの代替率が世界1位の国はどこかご存じだろうか。韓国である。国際ロボット連盟（IFR：International Federation of Robotics）が発表した報告書によれば、韓国は人間の労働者1万人当たりのロボット数が世界平均の69台よりも462台も多い531台（2016年調査）だという。

この先、人工知能時代が本格的に始まれば、韓国は人間がAIと置き換えられる割合が世界1位になる可能性が非常に高い。これは何を意味するのか？いまこの本を読んでいるあなたが、AIによって職業を失う可能性が非常に高くなるのだ。もしそんな事態が起これば、あなたの生活はどうなるだろうか。考えただけでも悲惨である。さらに悲惨なことに、あなたはきっと人工知能についての知識もなく、何の準備もしていないにちがいない。

韓国の既得権層は、右派にせよ左派にせよ無知で無能なうえに偽善的で、おまけに腐敗している。しかし、韓国で最も未来を見据えている層でもある。彼らは「アルファ碁」事件以降、人工知能フォーラムや講演会、シンポジウムなどに定期的に参加して、人工知能に関する知識をそれなりに熱心に吸収しているのだ。

さらに、資本と権力はもちろん、人脈も持っている。おそらく彼らは、人工知能時代になってもいまのように良い暮らしをしている可能性が高い。

では、何の既得権もない大部分の人々はどうなるのか？　本編で詳細に説明するが、一瞬にして働き口を失い貧困層に転落してしまうことが想定される。そして残りの人生は難民水準の暮らしを強いられることになるだろう。

あなたなら、どうする？

このまま何もせず、あなたより優れた能力を持った人工知能に置き換えられる日をただ待つのか。それともいまから「人工知能に置き換えられない、人工知能の指導者になる人」を目指すのか。

プレカリアート、韓国人99.997％の未来

2017年のことである。韓国のハーバードと呼ばれるソウル大学（工学部）のユ・ギユン教授チームが報告書を発表した。「未来の都市で市民はどう生きていくのか」という題の報告書である(5)。ここでユ・ギユン教授チームは衝撃的な予測をした。2090年の韓国社会は、AIロボットによって大半の職業が置き換えられた結果、韓国人の99.997％がプレカリアート（precariat）になるというのだ(6)。プレカリアートとは、「不安定な」という意味のイタリア語プレカリオ（precario）と「労働階級」を意味するドイツ語プロレタリアート（proletariat）の合成語で、この用語を広く知らしめたイギリス、ロンドン大学のガイ・スタンディング教授によれば、次の三種類の特徴を持っているという。

1.夢と情熱がない。
2.自分の仕事の価値がわからない。
3.生活の問題で一生苦しむ(7)。

つまり、約70年後には韓国人の99．997％が、AIのために難民レベルの社会的・経済的な暮らしをするようになるというのがユ・

ギユン教授チームの予測である。しかし、こういった予測をしたのはユ・ギユン教授チームだけではない。世界的な知識人と未来学者も似たような予測をしている。

イェール大学のロバート・シラー教授は、将来AIに置き換えられた数十億名の人類が全地球的な貧民村を形成することになるだろうと述べている。

これに対して、「何だって？70年後？それなら私にはあまり関係がない」という人も出てくるかもしれない。

しかし、それは間違いである。韓国人の99．997%がプレカリアートに転落する事態は、もうずいぶん前から静かに進行してきたからだ。

すでに言及したが、韓国は労働者1万人あたりのロボット数が世界平均の69台よりも462台も多い531台で、「ロボットの人間代替率」世界1位を誇っている。それならば、ロボットに置き換えられた韓国人はプレカリアートになる可能性が高い。また、ユ・ギユン教授チームが筆を執った『未来社会報告書』を見ればわかるが、韓国人の99.997%がプレカリアートに転落する事態は、2030年から2070年ごろにかけて急激に進行するとされている[8]。つまり、残された時間はあまりない。遅くとも10年後にはこうした変化がはじまるのだ。

10年後に必要な能力

今後、10年の間にあなたはAIの支配者になる能力、すなわち共感能力と創造的発想力を持たなければならない。そうしなければ、あなたはもちろん、あなたの家族もプレカリアートに転落する可能性がある。韓国では過去何年もの間、夢と情熱を貶め、仕事の価値を否定するプレカリアート文化が横行した。不幸にもこの誤った文化は、今後も続きそうである。ここにAIの恐怖まで現実のものとなれば、どうなるだろう。

おそらく、ユ・ギユン教授チームが予測したよりずっと早く、国民の99.997%がプレカリアートへ転落するだろう。だからこそ、あなたは「AIに置き換えられない、仕事を奪われないための思考法」を必ず知っておかなければならないのである。将来、自分自身はもちろん、あなたにとって本当に大切な人々を守ることができる強い存在になってほしい。

あなたが「人工知能に置き換えられない人」になる道を歩みはじめれば、きっとあなたの周りの人たちも人工知能について関心を持つようになる。そしていっしょに、新たな道を歩くようになるだろう。

このようにして、韓国の人々が新しい未来を準備するとき、はじめて我々の前に「人工知能強国」の扉が開けるはずだ。私はこれを信じて疑わない。

以上が、私が長い間悩んだ末にペンを取った理由である。必要なのは、AIに対する専門的知識のリテラシーを高めることでもなければ、プログラミング言語を必死に習得することでもない。

たった8つの、思考法である。

さっそく、それらを紹介していこう。

Part
1

AIに仕事を奪われない8つの思考法

Eight 01

デジタルを遮断せよ

シリコンバレーの私学「ヌエバ・ペニンシュラ」

2011年10月、「ニューヨーク・タイムズ」は、Google、アップル、マイクロソフト、インテル、IBM、HPといったIT企業の会長・社長・副社長などの上級役員の子どもが通う、シリコンバレーの有名な私学「The Nueva School」(通称「Nueva Península (ヌエバ・ペニンシュラ)を取材した記事を掲載した[1]。この記事によって、アメリカ人は人工知能のメッカと呼ばれるシリコンバレーで行われている、異色の教育の実体を知るようになった。

いたるところに最先端のIT機器がありそうなこの学校には、驚くべきことに、IT機器がただの1台もなかった。事実、学生たちはインターネットの使い方もよく知らなかった。その代わりにこの学校では、コンピューターが発明される以前の形態の教育が行われていた。教師は黒板の前でチョークを持って教え、子どもたちは紙の本とノートで勉強していた。本棚にはブリタニカ国際百科事典全集が並んでいて、ロッカーには木製のおもちゃ・人形・粘土・裁縫道具などがぎっしり詰まっていた。

スマホを持たせない理由

いったいシリコンバレーの私学は、なぜこのような異色の教育をしているのだろうか？　シリコンバレーにあるもう1校の私学「グリーンウッド」の教師と保護者の話を聞いてみよう[2]。

「子どもたちが自分の内なる力を調節できる能力を育てるためです。スマートフォンを使う時間に他の子どもと遊び、話し合って、他人

と共感し共調する能力を育てるためなのです」。(ベッチ・アンダーソン入学部長)

「自分自身と、他人と関係を結ぶことに集中させるためです。そして、外部にあるコンピューターを扱う前に自分の中のコンピューター(創造的頭脳)を扱う方法を学ばせるためです」。(アーチ・ダグラス校長)

「多くの人がIT技術に依存しています。このような状況において、子どもに本当に必要な能力とは何か深く考えてみました。それは、他の人と異なる思考をする力です。この能力は、絶対に機械によっては育てられないものです」。(保護者:アンディ・グラッカー)

「デジタル機器がまったくないこの学校は、子どもたちの内面にある芸術性を育ててくれます。それは、創造的発想力につながるものです」。(保護者:クリス・ブリューワー)

一言でいうなら、**シリコンバレーの私学は共感能力と創造的発想力を育てるための教育をしている**。ちなみに、私がシリコンバレーの教育を異色の教育と表現したのは、韓国と同様、アメリカでもずいぶん前から全国の公立学校の教室をIT教室にするプロジェクトを進めてきたからである。そして現在では、大半の公立学校が電子黒板とタブレットPCのようなIT機器で授業を行い、課題を提出させる。シリコンバレーの子どもたちは、いまこの瞬間にもAIを支配するための能力を着実に育んでいるのに、公立学校の子どもたちはAIの奴隷になる道をまじめに歩んでいる。それも、国家主導の教育を通じてである。

ジョブズやビル・ゲイツが子どもたちに買い与えなかったiPhone

子どもたちの共感能力と創造的発想力を育てるために、徹底的にIT機器を遮断するのは、シリコンバレーの家庭文化でもある。代表的な事例を見てみよう。

シリコンバレーの象徴的存在とも言うべきスティーブ・ジョブズは、子どもにiPhoneとiPadといったIT機器をまったく買い与えないことで知られていた。ジョブズが公認した唯一の伝記を書いたウォルター・アイザックソンによれば、ジョブズは家庭ではIT機器を徹底的に禁止する文化を守っていた。

シリコンバレーの帝王と呼ばれるビル・ゲイツは、子どもにIT機器禁止期間を決めていて、それはなんと約14年間だった。ゲイツの子どもは15歳になってようやくパソコンやスマートフォンなどを使うことができた。しかしその際も、使用時間は厳格に制限された。

世界最高のIT科学技術雑誌「WIRED」を創刊し、評論家として世界的な名声を得たIT理想主義者クリス・アンダーソンは、家庭での子どものIT機器使用を厳格に制限した。彼は自分の手で書斎を作り、オンライン・ショッピングの代わりに紙のカタログを見るのを楽しむ典型的なアナログ主義者だ。

「IT技術は自ら進化して問題を解決する」と主張する本を執筆し、シリコンバレーの代表的なIT技術称賛論者として名をはせたケビン・ケリーは、テレビ、スマートフォン、パソコンといったIT機器がまったくない家で3人の子どもを育てた。シリコンバレーの代表的なアナログ主義者である彼は、車の運転すらしない。

Facebookの初代CEOショーン・パーカーは、IT機器を使わないのはもちろん、Facebookを始めとしたSNSも一切しない。

ツイッターとブロガーの共同創業者エバン・ウィリアムズの家にはそもそもIT機器がない。代わりに本で埋め尽くされた巨大な書斎がある。

アナログの逆襲とは?

シリコンバレーの企業には、社員の共感能力と創造的発想力を養うためにデジタルを遮断し、アナログを追究する文化がある。デイビッド・サックスが『アナログの逆襲（The Revenge of Analog—2018年刊、インターシフト、加藤万里子訳)』で紹介するところによれば、その代表例は次のとおりだ(3)。

・電子名刺の代わりに紙の名刺をやりとりする。電子名刺は、自分のスマートフォンを何回かタッチし、相手のスマートフォンに転送すれば終わる。しかし、紙の名刺はそうではない。互いに目を見て微笑んで、丁寧に取り交わさなければならない。ときには握手し、ハグまでして交換するものだ。つまり、電子名刺は機械と人間を接触させるが、紙の名刺は人間と人間を接触させる。

・パワーポイントの代わりに紙の報告書で報告させる。パワーポイントは見る人の目を引く力がある。しかし、心を惹きつける力はない。紙には視覚的魅力はない。しかし、ますます人の心を惹きつける。人は基本的に、紙のにおいと手触りが好きだからだ。要するに、紙には人間を人間らしくさせる力があるが、パワーポイントにはそれがない。

・Evernoteの代わりに紙の手帳を使用する。ITプログラマーやITデザイナーのクリエイティビティを最もよく引き出す道具は紙である。スマートフォンのメモアプリは、かえってクリエイティビティを殺す。このことをよく知っているシリコンバレーの人々は、みんなモレスキンのような紙の手帳を使っている。Evernote社のプログラマーとデザイナーも同様だ。ちなみに、Evernote社は、紙の手帳を愛するあまりモレスキン社と提携して高級紙でノートの製作もしている。

・電波が入らない会議室を使っている。人々はIT機器から完璧に遮断されてはじめて、お互いをじっくり見る。そして、お互いの言葉が心から入ってくる。お互いが心から共感する雰囲気が作られる。顧客の心を捕らえる独創的なアイディアは、まさにこういうときに出てくる。

・リモートワークを禁止している。リモートワークは、他の人との連帯を切ってしまう。これは、共感能力の低下とクリエイティビティの喪失に繋がる。クリエイティビティはひとりでいるときには生まれない。他人と食事をし、楽しみながら話し合って働くときに生まれるものだ。というのも、クリエイティビティの根源は共感だからである。

・活版印刷を用いる。人間の手をほとんど必要としないコンピューター印刷と違い、活版印刷ははじめから終わりまで人の手を必要とする。シリコンバレーの人々はこのような不便な工程を通じて自分のなかの人間性を見つけて喜ぶ。そして、創造的発想力をさらに発揮するのだ。

IT機器の中毒者になるな

シリコンバレーは、私たちが使うほとんどすべてのIT機器を創り出した場所である。さらに、1959年に世界で初めて人工知能研究所を設立し、いまこの瞬間にも最先端の人工知能技術を恐ろしい速度で発展させている場所でもある。シリコンバレーにいる人は、IT機器が人間に及ぼす影響について誰よりもよく知っており、IT機器の中毒になった人が人工知能時代にどうなるかについて最もよく知っている。また、AIに何ができて何ができないか、AIの支配者になりたければどのような能力を持つ必要があるのかについても、最もよく知っている。シリコンバレーの人間が下した結論は次のとおりだ。

「IT機器を遮断する能力を持てなかった人は、結局、IT機器の中毒になる。中毒は従属を意味する。**AIは、いまのIT機器より少なくとも何百倍、多ければ数千～数万倍の中毒性を持つことになる**。IT機器を遮断する能力を持てなかった人は、AIも遮断できないだろうし、麻薬中毒以上の中毒になるだろう。すなわち、現在IT機器の中毒に陥っている人は、人工知能時代が開かれたとたんAIの奴隷に転落するだろう。それも、自発的に」

IT機器を遮断できる人に起きること

「一方、IT機器を遮断できる人は、IT機器に接する時間に読書と思索をし、芸術と自然に触れて他者と真の交流をし、自分の中の人間性と創造性を見つけて強化していくはずだ。このような能力を持った人はIT時代である現在でもほとんど見当たらないが、人工知能時代にはさらに希少になるだろう。そのため、このような人は自ずと人工知能時代のリーダーになる。デジタルがアナログの模倣に過ぎないように[4]、AIは人間の模倣に過ぎない。

AIは機械に従属し、人間固有の能力である共感能力と創造的発想力を喪失した人にならいくらでも取って代われるが、その反対の人に取って代わることはできない。それが、我々が『コンピューターを切りなさい。スマートフォンを切りなさい。そうしたら周囲に人がいるという事実に気づくだろう』という掛け声の下[5]、IT機器を遮断する文化を築いた理由だ」。

消費者ではなく クリエーター目線が必要

シリコンバレーの保護者と私学は、子どもたちに一生IT機器を使わせないわけではない。早ければ中学校1年生、遅くとも高校1年生頃になれば許可する。しかし、IT機器をそのまま与えるのではない。次の三段階の過程を通じて、IT概念とIT機器の作動原理に目覚めさせ、IT文化を洞察させる。そして、既存のIT概念・機器・文化に革新を起こせるような、新しいIT概念・機器・文化を創造できる基礎的な能力を育てる。つまり、消費者ではなくクリエーターの立場でIT機器に接するよう促すのだ。三段階の要点は大まかに、以下のようなものだ。

・哲学的、あるいは数学的観点からIT機器を見るよう促す。

『考える人文学』で詳細に述べたが、IT概念は哲学と数学の交差点で誕生したものである。もし韓国の子どもたちのように、IT機器を単に道具としての観点からのみ見ていたらどうなるか。IT機器を活用してあらゆることができる。しかし、それだけだ。一方、IT機器を哲学的・数学的観点から見るならどうだろう？既存のIT概念に革新を起こしたり、新しいIT概念を創造するための基本的な力を持てる。

・コンピューターやスマートフォンなどを分解する。

IT機器の作動原理を探求し、理解させるためだ。これを通じて子どもたちはIT機器に科学的・技術的観点から接近する能力を持つようになり、既存のIT機器に革新を起こし、新しいIT機器を創造するための基礎的な能力を育てることができる。

・討論する。

IT機器を使ってSNSなどに自分の足跡を残す行為が、自分の未来と他人との関係と社会にどのような影響を及ぼすかについて深く考察させ、それについて文章を書き発表・討論させる。これを通じて子どもたちは、IT文化全般に対する洞察力を持つことができ、新しいIT文化を創造する基礎的な力を育てることができる。

AIに置き換えられない方法は2つ

シリコンバレーが追究するAIに置き替えられない方法（AIの支配者になる方法）は、次の2つに集約される。

1. AI（IT機器）を遮断する能力を持てるようにする。
2. 新しいAI（IT機器）を創造できる能力を身につける。

シリコンバレーの人は、AIのクリエーターだ。彼らはAIの支配者であって、AIに置き換えられることはほとんどないだろう。そんな彼らでさえも人工知能時代に備え、IT機器を遮断してアナログ的な生活文化を作りあげた。家庭と学校でIT機器を一切許可せず、企業では不便きわまりない紙の手帳を持ち歩いて、電波が入らない会議室を作り、リモートワークを禁止する社内文化を作り、活版印刷所まで運営している。

あなたはどうだろうか？　おそらく、今後現れるAIの能力が100だとすれば、せいぜい0.0001くらいの能力を持った、もしかするとAIとすら呼べないレベルのAIを搭載したIT機器の中毒になっているのではないだろうか。1日をスマートフォンで始め、スマートフォンで終える日常を繰り返しているのではないか。その対価としてあなたは、さまざまな能力を喪失したはずである。代表的な例として、電話番号を覚える能力や自分で道を探して運転する能力、人と心を開いて語り合い、共感する能力を失ったのではないか。つまり、**あなたはすでに多くの能力をAIに奪われている状態だといえる**。まだ本格的な人工知能時代が開かれてもいないのに。一度両目を閉じ、胸に手をあててこんな質問を投げかけてみよう。

「私はこの先どう生きていくつもりで、いまのような生活をしているのだろうか？」。

デジタルデトックスが新しい人生を作る

いまこそ、あなたが新しい習慣を作る番だ。1日のうち、2、3時間だけでもスマートフォンを切り、読書をして思索をする時間を持ってほしい。週に一度だけでも誰かと本気で話し合って、交流する時間を持ってほしい。いままで探してこなかっただけで、あなたが暮らす地域社会には、人と会って交流する集まりがたくさんあることに気づくはずである。週末にはスマートフォンを引き出しの中に入れておき、美術館やコンサートホール、博物館に行ったり、たまには自然の中に行ったりしてみよう。

あなただけのアナログ文化をひとつずつ創っていくこと。そうして内面にある人間性を見つけ、経験して分かちあう喜びにたっぷり浸ってみよう。**あなたが真に人間らしくなるとき、あなたと置き換えられる機械は存在しないのだから**。

Eight 02

自分だけの
生涯幼稚園を創ろう

AIに使われる99.997%の労働者「プレカリアート」

「将来、韓国の人口の99.997%がプレカリアートに転落する」という衝撃的な内容の報告書を発表したソウル大学ユ・ギユン教授チームは、同じ報告書に未来の韓国社会の階級構造を予測した内容も盛り込んだ。これによれば、未来の韓国社会は4つの階級に分けられるという。

第1階級　AIプラットホームの所有者　0.001%
第2階級　AIプラットホームのスター　0.002%
第3階級　AI
第4階級　プレカリアート　99.997%

第1階級のAIプラットホーム所有者は、自分が所有する世界的企業をAIプラットホームに変化させた人を指す。この階級の特徴は、事業分野に限った話だとしても、人類最高水準の共感能力と創造的発想力を手に入れたことだ。その結果、世界最高水準のAIを秘書のように従えている。今日でいうなら、Google、Amazon、マイクロソフト、アップル、Facebookといった企業の創業者である。

第2階級は第1階級が所有したプラットホームの中でスターになった人を指す。いまでいうハリウッドスターくらいと考えればよい。

第3階級はAIそのものだ。これは、今日の企業のように法人格を所有した人工生命体として、自ら進化して、発展する知性を所有した情報システムのことだ。要するに、AIの最終発展形態と思えばよい。AIは法人格を持っているため、今日の企業がしているように、金融取引も不動産所有も可能である。また、AIロボットの社員と人間の社員を雇って事業をすることも可能だろう。そんな馬鹿げた話はありえないという人もいるかもしれない。しかし、スタンフォード大学法情報科学センターのジェリー・カプラン教授を始めとして、多くの法学者が将来AIが法人格を取得すると予測している。

第4階級は今日の自営業者、専門職従事者、事務職従事者、労働者など、大部分の職業群が属す階級である。

私はこの階級構造図について本当に多くの思索をめぐらせた。そしてある日、自分の中に次のようなひらめきが生まれた。「今後第1階級、すなわちAIプラットホームの所有者になる可能性が最も高い人々は、Google、Amazon、マイクロソフト、アップル、Facebookのような企業の創業者だろう。もし私が彼らの共感能力と創造的発想力の源泉を理解したなら、そしてその源泉を私自身に適用して自己変革できれば、それこそが“AIに置き換えられない方法”になるのではないだろうか？」。

Googleを生んだ「モンテッソーリ・マフィア」の秘密

「ウォール・ストリート・ジャーナル」から「シリコンバレーの未来を知りたければ、FacebookやiPhoneアプリではなくこの人を見なければならない」という賛辞を受けた人物がいる。セバスチャン・スランだ。彼の代表的な経歴は次のとおりである。「スタンフォード大学コンピューター工学科教授、スタンフォード大学人工知能研究所所長、Google副社長、Google秘密研究所所長、自動運転車の開発者、Google Glass及びGoogleストリートビューの開発者」。

Googleストリートビューは、人類の生活をすでにある程度変えており、自動運転車も、人類の生活を大きく変えはじめている。こう考えると、IT分野に限ったこととはいえ、セバスチャン・スランは人類最高水準の共感能力と創造的発想力を持った人だとわかる。つまり彼は、今後、人工知能時代が本格的に幕を開けたとき、世界最高水準のAIを秘書のように従えて、一気に第1階級に昇りつめる可能性が高い。

そんなセバスチャン・スランが、「私には到底真似できない共感能力と創造的発想力を持っている！」と公言し、ほめたたえた人物がいる。「フォーブス」、「ウォール・ストリート・ジャーナル」などのインタビューで、セバスチャン・スランは次のように告白した。「彼はすてきな食事の席に私をよく招待してくれました。しかしそのたびに、頭がどうかしているとしか思えないようなアイディアを出してくるんです。私は堪えきれずにこう反論しました。『ねえ、そんなことあり得ますか？　この世界の誰も実現できないですよ。

アイディア自体が欠点だらけだから』と。しかし、家に帰って計算してみると、驚くべきことに彼の話は正しかったのです。私は、自分の間違いを確認するたびに彼に謝罪しました。『私の間違いでした。あなたが全面的に正しいです』と」。

この人物こそが、Googleの共同創業者ラリー・ペイジだ(6)。

ラリー・ペイジとモンテッソーリ

ラリー・ペイジは、自分の共感能力と創造的発想力はモンテッソーリ・スクールで始まったと打ち明けている。Googleの共同創業者セルゲイ・ブリンも同じことを言っている。

「何だって？　モンテッソーリ？　どこにでもありそうなあの幼稚園が？」。

そう言ってしばらく目を疑った人のために、もう一度言う。まさにその、モンテッソーリ幼稚園だ。Googleのふたりの創業者を長い間見てきたシリコンバレーのCEOや記者も同じ話をする。たとえば、ヤフーの最高経営者マリッサ・メイヤーはこのように述べている。

「**もしあなたがモンテッソーリの教育哲学について知らなかったら、Googleを理解することは絶対にできない**」。

Googleのふたりの創業者だけではない。マイクロソフトの創業者ビル・ゲイツ、アップルの創業者スティーブ・ジョブズ、Amazonの創業者ジェフ・ベゾス、ヴァージン・グループの創業者リチャード・ブランソン、ウィキペディアの設立者ジミー・ウェールズ、デジタルビジネスの先駆者アンドリュー・マカフィー、コンピューターゲームの開拓者ウィル・ライトと料理研究家ジュリア・チャイルド、ヤフーのCEOマリッサ・メイヤー、「ワシントン・ポスト」紙の社主キャサリン・グラハム、アメリカ前大統領のビル・クリントンとバラク・オバマのような人物も、自分の共感能力と創造的発想力はモンテッソーリ幼稚園から始まったと明かしている。
　こんな状況から、西洋では「モンテッソーリ・マフィア」ということばが生まれたくらいだ。あるひとつの分野で創造的な成功を遂げた人の幼少期を調べてみると、必ず登場するのがモンテッソーリ幼稚園なので、こんな言葉ができたらしい。経営戦略とリーダーシップの分野の世界的な権威、ジェフリー・ダイアーとハル・グレガーセンは、約8年間にわたって西洋の創造的な起業家を研究し、彼らの中の相当数が「モンテッソーリ・スクール」出身で、彼らの共感能力と創造的発想力はモンテッソーリ教育のおかげだったと結論づけている(7)。

モンテッソーリ・スクールでは何を学べる?

　もちろん、モンテッソーリ・スクールに通ったからといって、誰もがクリエイティブな人材になれるわけではない。モンテッソーリ教育の創始者マリア・モンテッソーリの教育哲学の核心である「自由」、「没頭」、「成就」の価値を内面化して、実践する子どもがクリエイティブな人材になる。Googleのふたりの創業者を見てみよう。ふたりはモンテッソーリ・スクール時代に自分が勉強したいテーマを自由に選択して、教師はその選択を尊重し、支持してくれた。学校によって決められたテーマではなく、自分で決めたテーマを勉強するなら、誰でも喜んで集中し、楽しんで没頭するものだ。集中と没頭は、成功につながる。子どもは成功体験を通じて、次のふたつを得ることになる。ひとつ目は、**自分の潜在能力を知る喜び**。ふたつ目は、**友達と大人からの称賛と激励を受ける喜び**。これは、また新しい勉強のテーマを決めて、さらに深く集中し、没頭したい欲求へとつながる。このようにして、子どもは新しい勉強を始め、さらに深い集中力と没頭する力を持つようになる。ちなみに、マリア・モンテッソーリは、この過程のことを「反復」と呼んだ。ラリー・

ペイジとセルゲイ・ブリンは、**モンテッソーリ・スクール時代に出会ったモンテッソーリ教育哲学の中心となる価値を内面化し、これをずっと実践してきた**。もしふたりが、ただモンテッソーリ・スクールに通っただけなら、セバスチャン・スランほどの人が「私には到底真似できない！」と話すレベルの共感能力と創造的発想力を持つことができただろうか？

ふたりの幼少時代

ラリー・ペイジとセルゲイ・ブリンの幼少時代を研究してみると、ふたりは親から人工知能時代のリーダーになるための教育を徹底的に受けたのではないかと思えてくる。もちろん、ふたりが生まれた年はまだコンピューターも十分に普及していない1973年だから、私の考えには少し無理があるかもしれない。ともかく、私がそう考えるようになったのは、ふたりの親が人工知能に深い造詣があったと思われるからだ。

ラリー・ペイジの父は、ミシガン州立大学のコンピューター工学・人工知能学教授であり、母は同じ大学でコンピューター・プログラミングを教える講師だった(8)。父は人工知能学界で大いに活躍したようだ。当時の学界で、彼が「人工知能分野で頭角を現わした」と評されたことからも、それがうかがえる。母も、人工知能に対してある程度知識を持っていたのだろう。今日もそうだが、当時もコンピューター専門家の大半が人工知能に関する基本的な知識を持っていたことを考えると、おそらくそうだろう。

セルゲイ・ブリンの親は、ふたりとも数学者だった。ふたりは元々ソ連で暮らしていたが、共産党の圧力がひどくなると、セルゲイ・ブリンが6歳の頃にアメリカへ移住した。以後、父はメリーランド大学の数学科教授になり、母はNASAの科学者になった。マーティン・デイヴィスの『万能コンピューター——ライプニッツからチューリングへの道すじ（The Universal Computer―2016年刊、近代科学社）』と『考える人文学』などを読んでみればわかるように、コンピューターと人工知能の開発を主導したのは数学者たちである(9)。つまり、数学者の多くはその気になればコンピューター・人工知能の専門家になれるのだ。セルゲイ・ブリンの父は、息子をコンピューターと人工知能の世界へ導いた人物として知られている。こう考えると、彼は人工知能にも深い知識を持っていたようだ。加えて、セルゲイ・ブリンの母が、当時世界最高水準の人工知能知識を所有していたことは疑念の余地がない。NASAはシリコンバレー以上の人工知能関連の知識と技術を保有しているが、彼女はそこで科学者として働いていたからである。ラリー・ペイジとセルゲイ・ブリンの親は、息子が将来人工知能時代を生きていくと確信していたようだ。また、息子を人工知能時代のリーダーに育てようとすれば、どのような能力を育てなければならないのかについても深く研究したようである。そして、次のふたつの結論を下したと思われる。

1. 家庭で体系的な人工知能の知識・技術教育を行う。
2. 共感能力と創造的発想力を最もよく育ててくれると考えられるモンテッソーリ教育を受けさせる。

そうでもなければ、互いに顔を見たことさえなかったラリー・ペイジとセルゲイ・ブリンが、10代の初めにすでに親がプレゼントしてくれたコンピューターをまるでおもちゃのように扱って、AIプログラムを作りはじめたという事実を説明できない。そしてラリー・ペイジとセルゲイ・ブリンの親が、まるで示し合わせたかのように息子たちをモンテッソーリ・スクールに送った理由も説明できない。

モンテッソーリを取り入れたシリコンバレー

モンテッソーリ教育の核心的な価値である「自由」、「没頭」、「成就」を素早く受容して企業文化として定着させたのは、地球上で人工知能に最も敏感なシリコンバレーだ。Googleはもちろん、スペースX、Uber、Netflix、Dropbox、ギリアド・サイエンシズ（インフルエンザ治療薬タミフル開発企業）といったシリコンバレーの革新的企業は、共通して「あなたは十分に賢いのだから、思うようにしなさい！」という標語を掲げるほど、社員に無限に近い自由を与えるよう努力している。なぜだろうか？　**独創的なアイディアを導き出して、プロジェクトに没頭し、同僚と深くコミュニケーションをとる能力は、社員が享受する自由に比例する**という事実をいち早く理解したからである。そして、このようなクリエイティビティと没頭・コミュニケーション能力は、卓越した成果につながり、企業の収益を幾何級数的に増大させるということも、よく知っているからだ。しかし、はたしてそれだけだろうか？　私はそうではないと思う。前に述べたように、シリコンバレーは人工知能が作る未来を最もよく理解している場所である。ここの経営者は「どのような企業文化を作れば社員を人工知能に置き換えられない存在にすることができるか」ということを常に念頭に置き、必死で考え、研究している。自分の企業にそういった文化を定着させなければ、人工知能時代に生き残り、繁栄することはできないからだろう。

共感能力と創造的発想力をどう引き出すか

ひとつ気をつけなければならない点がある。AIに置き換えられない人間を育てる力は、モンテッソーリ教育にあるというよりは幼稚園に通う年齢の子どもたちにあるという事実だ。それでは、私はなぜいままでモンテッソーリ教育を強調してきたのだろうか？　それは、モンテッソーリ教育が幼稚園の子どもたちの共感能力と創造的発想力を最もよく引き出すという評価を受けているからだ。

マサチューセッツ工科大学（MIT）には、「メディアラボ」という研究所がある。そこでは、World Wide Web（www）、タッチスクリーン、GPS、電子書籍、ウェアラブルコンピュータ、VR、3Dホログラムなどが開発された。一言でいうなら、世界最高水準の共感能力と創造的発想力が日常的に発揮される場所といえるだろう。ところで、MITメディアラボのミッチェル・レズニック教授によれば、こういった発想力はメディアラボだけの特別な教育プログラムを通じて創り出されるという。それは「生涯幼稚園LLK（ライフロングキンダーガーデン）」というプログラムで、青少年と大人を対象としている。その内容は、幼稚園時代に自分が習得した遊戯・学習方式を再び経験させることで、幼年時代に自身の内面に充満した共感能力と創造的発想力を回復させることを目的としている。プログラミング言語Scratchの開発者ミッチェル・レズニックは、『ライフロング・キンダーガーテン――創造的思考力を育む4つの原則（Lifelong Kindergarten―2018年刊、日経BP)』で、幼稚園の子どもたちの遊戯・学習方式は「想像―創作―遊び―共有―思考」の反復だと明らかにしている。例えば次のようなものだ(10)。

・『長靴を履いた猫』のお話を聞いて、長靴を履いた猫を自由に想像する。自分が想像した長靴を履いた猫を、画用紙に描いたり粘土で作ってみる。このとき、子どもたちは自然に新しい話をつけ加える。たとえば、猫は翼のついた長靴を履いたおかげで自由に空を飛び回れるとか、腰に差した剣はじつはキャンディーの魔法のステッキなので、1回振ればキャンディーが降り注ぐというように。子どもたちは、このような過程を遊びと思って楽しむ。創作はすなわち遊戯なのだ。

・子どもたちは、友達に自分が加えた新しい話を聞かせ、自分が作った作品を見せては楽しい時間を過ごす。子どもたちは、このような共有を通じて新しい話をさらに考えつくし、作品に新しいものをさらに追加することができる。共有が新しい創作へと誘導するのである。

・教師が子どもたちの作品を見て、新たに考えるポイントを投げかけてくれる。たとえば、「猫が空を飛ぶには長靴についた翼はどのくらいの大きさでないといけないだろうか？」とか、「キャンディーを食べて歯を磨かなければ虫歯になるかもしれないから、魔法のステッキを振るときに歯磨き粉と歯ブラシが一緒に出たらいいのではないか？」というように。そうすれば、子どもたちはこれを土台に新しい想像をして、これはまた創作遊びと共有につながる。

青少年と大人たちが、幼稚園の子どもたちの遊戯・学習方式を実践するには、どうすればよいのだろうか。ミッチェル・レズニックは『ライフロング・キンダーガーテン』で親切に教えてくれている。

《学習者のための10の手引き》

1. 簡単に始めなさい。
2. 好きなことをしなさい。
3. 何をしたらいいかわからなければ、あれこれしてみなさい。
4. チャレンジすることを怖がらないで。
5. 一緒にやる友達を探して、アイディアも共有しなさい。
6. 他人のことを模倣し、アイディアを得てもよい。
7. アイディアを記録に残しなさい。
8. 作って、分解して、作り替えてみなさい。
9. たくさん間違っても諦めないで。
10. 自分だけの学習の手引きを作りなさい。

《保護者と教師のための10の手引き》

1.「想像」アイディアを呼び起こす例題を見せなさい。

2.「想像」散らかしてみるように勧めなさい。

3.「創作」多様な材料をたくさん提供しなさい。

4.「創作」何を作っても受け入れなさい。

5.「遊び」結果ではなく過程を強調しなさい。

6.「遊び」独創的なプロジェクトをする時間を増やしなさい。

7.「共有」子どもたちをお互いに結ぶ役割をしなさい。

8.「共有」協力者として参加しなさい。

9.「思考」本質的な質問をしなさい。

10.「思考」自分の考えを共有しなさい。

人工知能の父

現代につながる人工知能概念を創始し、触覚を感じて物をつまんで持ち上げるロボットアームと「視覚スキャナー」というロボットの目を発明した人物がいる。人工知能の父と呼ばれるマーヴィン・ミンスキーだ。彼は1959年、MITに人工知能研究所を立ち上げ、MIT人工知能プロジェクトを実施した。そうして1985年にはMITメディアラボを創設した。

人工知能の父と呼ばれる人の影響を受けたからだろうか。MITメディアラボは、シリコンバレー以上に最先端の人工知能の知識と技術を保有している。そして私たちの想像を超えるAIを開発している。人の考えまで読むというAIウェアラブルデバイス「AlterEgo」、世界最初のサイコパスAI「ノーマン(Norman)」、恐怖小説を書くAI小説家「シェリー(Shelley)」がその代表的なものだ。

なぜこのようなメディアラボが、「生涯幼稚園」という教育プログラムを作ったのだろうか？　そしてなぜ、研究員にこの教育プログラムを履修させようとするのか？　私は次のように答えたい。

「彼らは人工知能が創り出す未来をよく理解している。共感能力と創造的発想力を持った人は、AIの支配者になれるが、そうでない人はAIの奴隷になるという事実をよく知っている。そこで彼らは、レオナルド・ダヴィンチやミケランジェロのような天才さえも超越する、人類最高水準の共感能力と創造的発想力を持った幼稚園の子どもたちに注目した。そして、幼稚園の子どもたちの遊戯・学習方式に立脚した教育プログラムを作ったのである」。

MITメディアラボの創意・コミュニケーション教育プログラムである「生涯幼稚園」の教育哲学は、驚くべきことにマリア・モンテッソーリの教育哲学とかなりの部分で一致する。全世界で4200万人の会員を有し、ビル・ゲイツとGoogleが「世の中を変える教育」という賛辞を送って巨額の資金援助を行い、無料オンライン教育機関カーンアカデミー（Khan Academy）の創設者サルマン・カーンが設立したカーン・ラボ・スクール（Khan Lab School）も同様だ。この学校は、1年の学費だけで280万円に達するハイクラスの私学で、人工知能時代のリーダーを育てることを目的としているが、徹底的にモンテッソーリ方式で教育している。

こうして見てみると、モンテッソーリ教育の核心である「自由」、「没頭」、「成就」とは、人工知能時代を生きる人なら必ず追究しなければならない価値なのは明らかである。

200年前の「カール・ヴィッテ教育法」に隠された真実

ここまで書いてみると、私の脳裏に鮮烈によぎる人物がいる。それはカール・ヴィッテだ。彼は、近現代の幼稚園教育とホーム・スクーリング教育に非常に大きな影響を及ぼした。とりわけ幼稚園を創設したフレーベルと、幼児教育に革命を起こしたマリア・モンテッソーリに多大な影響を与えた人物である。フレーベルとモンテッソーリの教育哲学の源流には、カール・ヴィッテがいると言っても過言ではない。

カール・ヴィッテは、未熟児で知的障がい児として生まれた自分の息子に今日の韓国教育とは異なる教育を行った。その結果、彼の息子は9歳にして6ヵ国語を流暢に話し、10歳でライプツィヒ大学に入学して、13歳でギーセン大学にて哲学博士の学位を取得。16歳にしてハイデルベルク大学で法学博士の学位を取得するとすぐにベルリン大学法学部教授になり、それ以後ヨーロッパを代表する天才として幸せな生涯を送った。

カール・ヴィッテは教育の聖人と呼ばれるペスタロッチの強い勧めで『カール・ヴィッテ教育法』という本を著わし、当時のヨーロッパにセンセーションを巻き起こしたが、ヨーロッパの貴族はカール・ヴィッテの死後すぐさまヨーロッパ全域にばらまかれていた『カール・ヴィッテ教育法』を回収し、全部廃棄した。

こうして世の中から忘れ去られたように思われた『カール・ヴィッテ教育法』は、19世紀後半にハーバード大学のレオ・ウィーナー教授によって偶然ハーバード図書館の書庫で発見されたが、レオ・ウィーナーがふたりの娘と息子にカール・ヴィッテ式教育を実践した結果、ふたりの娘はそれぞれ12歳と14歳でハーバード大学に入学し、息子は12歳でタフツ大学に入学した後、14歳でハーバード大学院に入学、4年で哲学博士の学位を取得し、ハーバード大教授を経てMIT教授を務めたあと、「サイバネティックス」(人工頭脳学)という新しい学問を創始した。目覚ましい結果を目の当たりにしたレオ・ウィナー教授は、他の教授にも「カール・ヴィッテ式教育」を勧め、その結果、彼らの子どもは全員10代前半でハーバード大学に入学した。

カール・ヴィッテが人工知能に与えた影響

カール・ヴィッテは人工知能にどのような影響を及ぼしたのだろうか？　レオ・ウィーナー教授の息子ノーバート・ウィーナーがMITの教授を務めていたときのことだ。ある日、ウォルター・ピッツという青年が研究助手になりたいと彼を訪ねて来た。ノーバート・ウィーナーは、ウォルター・ピッツの天才性に気付いてすぐさま彼を雇った。

なんと、この青年がウォーレン・マカロック(11)と共同で人工神経網に関する論文を書いた人物である。当時はまだコンピューターも発明されていなかったが、ふたりは驚くべきことに人工知能に関する論文を書いたのである。これに驚いたノーバート・ウィーナーは、ウォルター・ピッツをフォン・ノイマンに紹介し、フォン・ノイマンはウォルター・ピッツとウォーレン・マカロックの論文を参考にして最初のプログラム内蔵型コンピューター「EDVAC」を作った。今日私たちが使っているスマートフォンとパソコンの源流には、このEDVACがある。

2016年、ウォルター・ピッツとウォーレン・マカロックの人工神経網を搭載した人工知能が世の中に披露された。あの「アルファ碁」である。もしノーバート・ウィーナーがウォルター・ピッツを世に知らしめなかったら、人工神経網に関する論文は日の目を見なかったかもしれないし、アルファ碁も誕生することはなかっただろう。一方で、ノーバート・ウィーナーは、サイバネティックスを創始した。サイバネティックスはコンピューター・インターネット・ロボット・人工知能などのIT産業全般に多大な影響を及ぼした。つまり、ノーバート・ウィーナーのサイバネティックスがなかったらやはり今日のアルファ碁もなかった可能性が高い。いや、あったとしても極めて不完全だったろう。要するに、ノーバート・ウィーナーはアルファ碁誕生の隠れた主役というわけだ。

Googleはラリー・ペイジとセルゲイ・ブリンの主導でアルファ

碁を作った。前にも述べたが、ふたりは自分たちの創造的発想力と共感能力の源泉としてモンテッソーリ教育を挙げた。そして、モンテッソーリはカール・ヴィッテに多大な影響を受けている。

AIには幼少期がない

ピーター・スキルマンは、ノキアの最高経営者時代にある特別な実験を行った。デザイナーで構成されたチーム、工学者で構成されたチーム、経営学の大学院生で構成されたチーム、建築家で構成されたチーム、弁護士で構成されたチーム、幼稚園の子どもで構成されたチームなど、計6チームを相手に「スパゲッティーの麺が入った袋20個」と「1メートルの透明テープと縄」と「マシュマロ」を渡し、決まった時間内に最も高い塔を築かせた。ただし、塔のてっぺんにはマシュマロを載せなければならない。これはすなわち、協同性（共感能力）と創意性（創造的発想力）を比べる実験であった。結果は幼稚園の子どもたちの勝利だった。幼稚園チームは弁護士チームの1.5倍、経営学部大学院生チームの3倍も高い塔を築いた(12)。

あなたにも幼稚園児の時代があった。その頃あなたは、人類最高水準の共感能力と創造的発想力を所有していた。あなたは世間に染まっていくなかでそのふたつの能力を失くしたのだ。いまこそ、それを取り戻すときだ。あなたの中の子どもを探し出しなさい。その子と語り合いなさい。その子と思い切り歌って踊りなさい。たまには遊び場に行きなさい。そこで子どもたちと一緒に遊びなさい。そして学びなさい、自由に思い切り遊ぶ方法を！　そうしてあなたがあなたの中の子どもに再会したとき、あなたの共感能力と創造的発想力は自然に回復する。たとえ大人でも、いつも、いつまでも内面に幼少期の自分自身を持っている人は、AIに置き換えられることはない。**AIには幼少期がないからである**。だからこそ、あなたは本気で子どもに戻るべきなのだ。

Eight

03

Knowing からBeing.
Doing に転換せよ

「量子コンピューター」の時代

1秒に30万キロメートル移動する光を停止させる技術が開発された、という話を聞いたことはあるだろうか。光を保存・保管する技術と、停止させた光をまた流れさせる技術が開発されたという話はどうだろう？　いまから約18年前の2001年1月、ハーバード大学はこの技術の開発に成功した。ハーバード大学は一体なぜ、このような技術を開発したのだろうか？　量子力学の原理で作動する量子コンピューター（quantum computer）を商用化するためだ。

量子コンピューターは、スーパーコンピューターが10億年かかる計算を1分で完了する。まさに夢のコンピューターだ。開発されたのは、驚くべきことにAIのディープ・ブルーがチェスで人間のチャンピオンに勝った1997年。それもディープ・ブルーを作ったIBMによって。

量子コンピューターでは、「キュービット」（量子ビット）という単位が用いられる。1997年にIBMが作ったものは、2キュービットだった。科学界ではこんな話がささやかれていた。

「50キュービットが特異点である」と。

50キュービットの量子コンピューターが開発されれば、その時点から人類は量子コンピューターの時代に突入するという意味だった。そして2017年、IBMは50キュービットを開発した。2018年にはGoogleが72キュービットを開発した（編集部注：2022年にIBMは433キュービットのQPUを発表）。

すでに一部実用化されているものの、もし今後より本格的に量子コンピューターが商用化されれば、何が起こるか。人工知能革命が起きる。人工知能の大衆化が達成されるとでも言えばよいだろうか。

まず、人工知能開発費用が大きく下がる。いま韓国では、AI医師「アンサー」を開発しているが、その費用は約357億ウォン（約35億円）である。

量子コンピューターが本格的に商用化されれば、人工知能開発費用はどうなるだろうか？　少なくとも100分の1、多い場合では1万分の1までコストが下がる可能性がある。人工知能開発費用が想像を超えるほど安くなれば、何が起こるか？　AIの価格も驚くべき水準まで下がる。つまり私たちは、**将来自動車を買うように、いやテレビや冷蔵庫を買うようにAIロボットを購入するようになる可能性が高い**。

これに加えて、AIの電力消費量が大幅に減る。前述したように、量子コンピューターはスーパーコンピューターが10億年で計算することを1分で計算できる。これは何を意味するか。将来、量子コンピューターを搭載したAIロボットの電力消費量が、現在の10億分の1程度になる可能性が大きいということである。要するに、いまコンピューターや冷蔵庫にかかるくらいの電気料金でAIロボットを使えるということだ。

ハーバード大学が捨てたものと取り入れたもの

ハーバード大学は、光を停止・保存・保管させることはもちろん、再び流れさせる技術も開発し、量子コンピューター技術に革新を起こした。ハーバード大学は、人工知能倫理科目を開設し、学生に教えている。すなわち、人工知能時代に向けて科学的、技術的、精神的、文化的な観点から徹底的に準備しているのである。それならば、ハーバード大学は学生をAIに置き換えられることなくAIの支配者となる存在にするために、どのような教育をしているのだろうか？

同大学の医学部と経営大学院を見てみよう。

ハーバード大学医学部は最近、設立237年にして初めて教育改革を断行した。既存の方式の教育ではAIに置き換えられる医師しか育てることができず、AIを指揮する医師を育成できないというのが理由だった。そのためハーバード大学医学部は、「フリップトラーニング」（flipped learning：日本では「フリップトクラスルーム」や「反転授業」と訳す場合が多い）を取り入れて、MITと共同で「ヘルス・サイエンス・テクノロジーMDプログラム」を作った。そして教育課程を次のように変えた。

1年次：基礎医学および臨床医学
2年次：臨床実習
3年次・4年次：深化研究

ハーバード大学の授業に教科書と講義がない理由

この「フリップトラーニング」では、授業に教科書と講義がない。それでは、教授と学生は授業時間に何をするのだろうか？　討論だ。学生はあらかじめ家で勉強してきた内容を中心に白熱した討論を交わし、教授も学生と共に討論する。もちろんこの討論は、第1次〜第3次産業革命時代にハーバード大学が行ってきたようなディベート中心の討論ではない。**AIには絶対持つことができない共感能力を育てることを目的とした対話中心の討論である**。

ハーバード経営大学院も最近、設立100周年で初めて教育改革を断行した。改革の核心は、"Knowing"主体の教育を"Being"及び"Doing"主体へと変えることだった。

Being：自己認識を通して、組織の構成員と顧客に深い影響を及ぼす価値や信念を育てる。

Doing：既存の技術に革新を起こしたり、新しい事業を創造したりする。

すなわちハーバード大学の経営大学院は、過去100年間追究してきた知識教育を方向転換し、共感能力と創造的発想力を育てることにしたのだ。言い換えれば、AIの支配者になる経営者の創出を目標とした、ということでもある。

ハーバード経営大学院は、もともと教科書も講義もない授業を行っていた。その代わり、実際の経営事例について教授と学生たちが討論する形態の授業をしていたのだ。フランスのワイン産地の名家の経営事例や、インドのスラム街の病院経営事例などが収められた経営事例集を読み、各自で分析したあと講義室に集まって「自分がもしここのマーケティング担当者ならば何をすべきか」とか「自分がもしここの経営者ならば何をすべきか」について深く討論する。しかしこれは第1次〜第3次産業革命の時代にハーバード大学が得意とした知識中心の討論だった。そのためハーバードの経営大学院は、これを第4次産業革命時代に合う共感能力と創造的発想力中心の討論に変えた。

すなわち、医学部のフリップトラーニングが追究する討論を導入したのだ。本来フリップトラーニングとは、アメリカの高校教師ジョナサン・バーグマンとアーロン・サムズが、試合などで授業を休むことが多い運動部の生徒たちのために作ったものである。ふたりの教師は、自分たちの授業を動画で録画して運動部の生徒たちに提供した。運動部の生徒たちは家で動画を観ながら授業を聞き、学校に来て動画の内容を基に質疑応答と討論をする。教科書と教師の講義が必要ない新しい形態の授業をしたのだ。結果は驚くべきものだった。**生徒たちのコミュニケーション能力と協同能力が大きく向上し、試験成績も大幅に上がった**。

講義の代わりに「対話」で共感能力を育てる

これには教育学的根拠がある。MITの社会心理学者であるクルト・レヴィンが設立した国立教育研究所（National Training Laboratories）で発表した「学習ピラミッド」によれば、**一方的な講義を聞いた生徒たちは講義内容を5%しか記憶できないが、生徒が互いにコミュニケーションをとり協力する授業、すなわち互いが教えあう形態の授業に参加した生徒たちは、内容を90%以上記憶するという**。ということは、フリップトラーニング形式の授業は注入式講義の授業より、学習効率がなんと18倍も高いことになる。

しかしジョナサン・バーグマンとアーロン・サムズのフリップトラーニングとアメリカ国立教育研究所の学習ピラミッドが考案されたのは、あくまで第3次産業革命時代の教育システムの下である。つまりそれは、第3次産業革命時代に適合した人材を育てるために考案されたものだ。言い換えれば、第4次産業革命時代の現代において、いかに熱心にフリップトラーニングを行ったとしても、AIに置き換えられない人材を育てることは難しいように思える。

それならば、ハーバード、スタンフォード、デューク大学など世界最高峰の医学部は、なぜ講義を廃止してフリップトラーニングを取り入れたのか。既存の講義式教育では共感能力が育てられないが、フリップトラーニングの討論式教育ではそれが可能だからだ。それならば、これらの医学部が追究する共感能力とは何だろうか？

人間の医師とAIの医師が共存する未来の病院を想像してみよう。おそらく医療行為の大半はAIの医師が行うだろう。人間の医師より何倍も優秀なはずだからだ。では、人間の医師には何ができるのか？　人間の医師は、AIの医師にはない人間的・社会的共感能力を発揮して、患者と思いやりある対話ができるはずだ。そうやって患者の心に慰めと安心と希望を与えることができるだろう。

次に、こう考えてみよう。そのような共感に満ちた対話は、医師よりはカウンセラーや聖職者の方が上手にできるのではないか。だとしたら、**病院にわざわざ人間の医師がいる必要があるのだろうか？**カウンセラーや聖職者がいたほうがよくないだろうか。

それなら、次のような医師ならどうだろう。AIの医師を部下のように従えて病院を経営し、診療を指揮する人間の医師だ。これならいいかもしれない。ただしそのような医師には、AIには絶対に持つことができないある種の能力が備わっていなければならないだろう。それは何か。

答えを書く前に、AIの医師について考えてみる必要がある。AIの医師は、既存の医療知識と技術を完璧に学習して診療に適用できる。1秒前に発表された知識と技術でもそれに変わりはない。そのため、AIの医師は知識中心の教育を受けた人間の医師を圧倒し、取って代わることができる。しかし、**AIの医師には創造的発想力がない**。要するに、新しい医療知識と技術を考案し、既存の医療知識と技術に革新をもたらすようなことはできないのだ。だからAI医師は、創造的発想力を持った人間の意志に従属することになる。このように見てみると、先ほどの答えがわかるはずだ。すなわち、AIの支配者になろうとする医師は共感能力を持たなくてはならないが、それは新しい医療知識と技術の創造や、既存の医療知識と技術の革新を誘発するものでなければならない。つまり、**今後人間の医師は人間的・社会的共感能力はもちろんのこと、これを創造的共感へと発展、昇華させる能力(13)と、実際に創造と革新を起こす能力を持たなければならないだろう**。ハーバードの経営大学院が“Knowing”主体の討論を“Being”及び“Doing”主体の討論に変えた理由も同じだ。

レオナルド・ダヴィンチとアインシュタインの「考える勉強法」

Googleの共同創業者ラリー・ペイジとセルゲイ・ブリンも影響を受けたというシリコンバレーの真の天才、ビル・ゲイツとスティーブ・ジョブズを見てみよう。ふたりはそれぞれ、レオナルド・ダヴィンチとアインシュタインにインスピレーションを受けたという。

ビル・ゲイツは25歳のとき、レオナルド・ダヴィンチの天才性の源泉であった10の特別な勉強法を自分に適用して、ビル・ゲイツのすべての成功の根源とも呼ばれる、かの有名な“Think Week”（考える週間）を考え出した。

マイクロソフトの経営者時代はどうか。執務室にレオナルド・ダヴィンチの肖像画をかけておき、一日に数百回も頭の中で対話をした。そうやってビル・ゲイツはレオナルド・ダヴィンチにインスピレーションを受け、私たちの知るビル・ゲイツになった。

スティーブ・ジョブズは、アインシュタインの肖像画を寝室にかけておき、一日の始まりと終わりを共にした。そうして彼は、**時間と空間に関する人類の観点を一瞬にして変えたアインシュタインの“Think”（文明的意味における考え）を、自分の共感能力と創造的発想力の源泉にしてきた**。そしてある日、世の中にiPhoneとiPadを送り出し、私たちの知るスティーブ・ジョブズになった。

次に挙げるのが、レオナルド・ダヴィンチとアインシュタインによる「10の考える勉強法」である。

《ダヴィンチの“考える”勉強法》
自己暗示をせよ。
原典を読め。
原典を筆写せよ。
ひとりで思索せよ。
寝る前に思索せよ。
「知識—思索—作用」ノートを作れ。
作家と共にあれ。
図書館を愛せ。
人文古典の著者の考えを克服せよ。
人文学の書斎を作れ。

《アインシュタインの“考える”勉強法》
イメージで考えよ。
古典音楽を愛せ。
図書館で思索せよ。
作家のように考えよ。
自分の頭で考えよ。
考えを文章で表現せよ。
考えを実践せよ。
討論せよ。
聴講を補完せよ。
謙遜せよ。

量子コンピューターの商用化時代が幕を開ければ、AIによる本格的な人間代替の時代も開ける。私が後述する、AIによる専門職の代替が本格的に達成される時点を2035年とした理由がここにある。どういうことか。量子コンピューターが商用化される前に、AIには絶対に持つことのできない人間固有の能力を持てなければ、大変なことになるかもしれないということだ。

自分の目指す天才を決める

あなたが模倣したい天才をひとり決めよう。その天才の肖像画を寝室に飾ってみよう。毎日、心の中でその天才と対話をしよう。その人物に関する本を探して読んでみよう。天才が自分の創造的発想力を育てるために読んだ本も、探して読もう。時間が許すなら、その天才が生まれ育った場所と活躍した場所も訪ねてみよう。毎日、または何日かごとに1回、時間を決めて天才のように考え、天才のように感じ、天才のように行動してみよう。そうやって**天才の共感能力と発想力の源泉をあなたのものにするよう努力してみよう**。そうすれば、あなたは自分でも気づかないうちに創造的共感能力と発想力を身に付けているだろう。ビル・ゲイツも、スティーブ・ジョブズもそうしてITの天才になったということを覚えておこう。

AIは結局、人間の模倣に過ぎない。AIは人間の中でも天才を模倣しようとする。しかし、天才の知的能力なら真似できても、創造的能力は真似することさえできない。

いや、AIは「天才による創造」が何かさえわからない。だから天才は、AIが永遠に辿り着けない星であり続けるだろう。

人工知能時代にも、人間の天才はずっと現れ続けるはずだ。天才たちは新しい人工知能を想像し、創造するだろう。そのようにして、天才はAIの支配者を超えてAIの偉大なクリエーターになるだろう。だから、あなたもできるかぎり天才を追究しなさい。

天才の共感能力と創造的発想力の源泉と向き合う時間を持ちなさい。そうやって天才という星の光があなたの内側に流れるようにしなさい。

あなたが目指す天才は誰だろうか？

Eight 04

発想の転換—「デザイン・シンキング」をしよう

子どもが喜んで入る MRIは宇宙船

ダグ・ディーツという人がいる。MRI（磁気共鳴画像撮影）を開発した人だ。彼は、自分が開発したMRIを視察するため、得意顔でそのMRIが設置された病院を訪れた。そこで衝撃的な場面を目の当たりにする。ひとりの病気の少女が、MRI機器の中に入るのをどうしても嫌がり、半強制的に麻酔注射を打たれて検査機の中に入れられていたのだ。その後彼は、小児患者の90％以上が、MRIを恐れ、麻酔注射を打たずには検査を受けることができないという事実を知り、さらに大きな衝撃を受ける[14]。幸いにも彼は、衝撃を受けただけで終わりにはしなかった。「**どうすれば、子どもたちに麻酔注射を打たずにMRI検査を受けさせることができるか**」について悩みはじめ、スタンフォード大学のD（Design）スクールの存在を知り、そこに登録して、1週間「デザイン・シンキング」を学ぶことにした。

短くも強烈な学びの時間を終えて現場に戻った彼は、会社に出勤する代わりに保育園に向かった。そこで子どもと語り合い、遊びながら、長い間失っていた内なる“童心”を再び目覚めさせたのである。一方で、乳児心理学者、幼稚園教師、小児科医などの専門家に会って深く学び、子どもに共感する能力を持つため、あらゆる努力をした。その結果、子どもは、MRI機器が自分を食べるために口を開けている大きな怪物のように思うため、MRIの中に入るのを恐がるという事実を知ることになった。

どうすれば恐怖をうきうきに変えられるか

子どもの恐れの原因を正確に把握した彼は、**「どうすれば子どもが麻酔注射を打たずにMRI検査を受けることができるか」という問いを「どうすれば子どもがMRI機器に親しみを感じることができるか、うきうきと楽しい顔でMRIの中に入ることができるか」へと変えた**。そして、スタンフォード大学Dスクールの「デザイン・シンキング」3〜5段階を適用し、問題を解決した。

ダグ・ディーツの秘訣はふたつあった。ひとつは、MRI機器を子どもが好きな宇宙船、海賊船などにデザインしたことだ。機器を新しくしたのではない。機器の表面に宇宙船または海賊船を連想させる写真や模型をくっつけたのだ。

そして、撮影技師に「宇宙船に乗って旅立つ楽しい冒険」などの台本を配り、子どもに読んで聞かせるようにした。すると子どもは、特有の想像力を発揮して、MRI機器の中に入るのを宇宙船に乗ること、MRIの中で横になっている時間を、宇宙船の中で横になって宇宙を旅行する時間として受け入れた。このように、MRIの機器を子どもが好きになるようにデザインし、MRI検査機の中に入る経験を“怖くて恐ろしい何か”から、“わくわく楽しい何か”に変えてやると、麻酔注射を打たないとMRI検査を受けることができない子どもの割合が、ほとんどゼロにまで減った。(それだけではなかった。多くの子どもが、MRI検査を終えるやいなや、ピョンピョンとびはねてこう言ったのである。「ママ、とても面白かったよ。またここに遊びに来ようよ！」)

第4次産業革命のゆりかご
——スタンフォード大学Dスクール

「AI (Artificial Intelligence)」という言葉をはじめて作ったジョン・マッカーシーが、MITに引き続きスタンフォード大学に人工知能研究所を設立したのは、1962年のことだ。その研究所には、当然のことながら優秀な人材が必要となる。そしてスタンフォード大学にも、もちろん優れた工学者はいた。当時、学務部長を務めていたフレデリック・ターマンだ。彼は、HP（ヒューレット・パッカード）を創業したビル・ヒューレットとデビッド・パッカードがアドバイザーに招いたほど優れた工学者だった。にもかかわらず当のフレデリック・ターマンは、自ら人工知能研究所の人材となろうとはしなかった。彼は同じくスタンフォードのある若い教授、バーナード・ロスに電話をかけ、こう尋ねたのだった。

「ジョン・マッカーシーが機械デザインと機械工学の優秀な人材を探しているのだが、君が適任なようだ。どうかね？」(15)。

バーナード・ロスは、しばらくためらったが「はい、ターマン教授。承知しました」と答えた(16)。結果、スタンフォード大学人工知能研究所の中心的な研究員として活躍し、「ロボット工学」という新しい学問を創造した立役者のひとりとなった。そして後日、デイヴィッド・ケリー、ラリー・ライファーと共に、スタンフォード大学Dスクールを作った。

スタンフォード大学Dスクールの核心は、デザイン・シンキング（Design Thinking)、すなわち考えをデザインすることだ。**既存の思考を人間中心の思考として新しくデザインし、人間の生に影響を**

及ぼすほとんどすべてのものに革新を起こすのである[17]。といっても、デザイン・シンキングは最初からこのような意味を持っていたわけではない。用語自体からわかるように、はじめは、産業デザイナーが製品をデザインする際の思考過程を意味していた。しかし、MITの教授ジョン・アーノルドと、カーネギーメロン大学教授のハーバート・サイモンが、デザイン・シンキングをそれぞれ「人間の経験に基づいた独創的思考」、「現状をよりよく変化させるための人間のあらゆる思考」と定義したことで、今日の意味になった[18]。

AIとロボット工学に貢献したふたりの人物

ここで、ジョン・アーノルドとハーバート・サイモンの話を少ししておこう。

ジョン・アーノルドは、MITでデザイン・シンキングの概念に革新をもたらしたあと、スタンフォード大学に移り、機械工学と経営学のふたつの学科を行き来して学生を教えた。また、彼は、バーナード・ロスにスタンフォード大学に来て機械工学科の教授になってはどうかと提案した[19]。バーナード・ロスは、ジョン・アーノルドに深い尊敬の念を持っていたのだろう。すでにコロンビア大学の准教授に採用されていたにもかかわらず、鉄路でアメリカを横断し、スタンフォード大学へ行った[20]。ところで、前にも述べたように、スタンフォード大学の機械工学科は、スタンフォード大学人工知能研究所とロボット工学の誕生と発展に大きな役割を果たした。つまり、ジョン・アーノルドも、スタンフォード大学人工知能研究所とロボット工学が誕生し、発展するのに少なからぬ影響を及ぼしたということだ。

ハーバート・サイモンは、1969年に出版した『システムの科学（The Sciences of the Artificial—1999年刊、パーソナルメディア）』で、デザイン・シンキングを「現状をよりよく変化させるための人間のあらゆる思考」と定義したが、これはデザイン・シンキングの概念を根本的に変えた。そのため今日、多くの専門家がハーバート・サイモンをデザイン・シンキングの現代的概念を作ったと評価している。ところで、ハーバート・サイモンは、アレン・ニューウェルと共に最初の人工知能プログラム「Logic Theorist」を作った人である。そして、ジョン・マッカーシー、マーヴィン・ミンスキーらと共に、はじめて人工知能学会を開催した人でもある。要するに、ハーバート・サイモンは、人工知能の父と呼ばれてもおかしくない人物なのだ。

スタンフォードDスクールのデザイン・シンキングに大きな影響を及ぼしたジョン・アーノルド、ハーバート・サイモン、バーナード・ロスは、人工知能の世界に深く関与したか、または、人工知能の歴史に直接・間接的な影響を及ぼした。つまり、デザイン・シンキングは人工知能と密接な関連がある。

デザイン・シンキングの可能性

Dスクールのデザイン・シンキングは、人工知能に置き換えられない人材を育てるための強力なツールとなりうるのだろうか？

私はこの問いの答えを探すために、Dスクールのデザイン・シンキングが、人工知能に代表される第4次産業革命に与えた影響を探ってみた。そして、驚くべき事実に出くわした。Dスクールは、第4次産業革命のゆりかごのような場所だったのだ。第4次産業革命を主導したシリコンバレーのIT企業は、Dスクールのデザイン・シンキングを基本的な思考ツールとして使っていた。そして、スタンフォードのDスクールを実質的に設立したラリー・ライファーとデイヴィッド・ケリーは、デザイン・シンキングこそが人間の共感に基づく独創的革新を最もよく起こすことができるツールであると言っている。一言でいうなら、Dスクールのデザイン・シンキングは、AIには絶対に持つことができない人間固有の能力である共感能力と創造的発想力を最もよく引き出すことができるものだったのだ。

スタンフォードDスクールのデザイン・シンキングは、次の5段階で構成されている。

段階1　共感すること（Empathize）
段階2　問題を新しく定義すること（Define）
段階3　問題解決のためのアイディアを出すこと（Ideate）
段階4　試作品を作ること（Prototype）
段階5　実験して検証すること（Test）

ところで、この5段階は固定的なものではない。バーナード・ロスの言葉を借りれば、段階4まで行ってからまた段階2に戻ったり、特定の段階を何回か繰り返すこともありうる(21)。

段階1の「共感する」というのは、観察・対話・体験などを通じて相手の心を理解し、悟る行為だ。ダグ・ディーツが小児患者の心を知るために保育園で子どもを観察し、子どもと話し、子どもの文化を深く体験したことを考えてみればよい。

段階2の「問題を新しく定義する」とは、「共感」を通じて理解し、相手の立場で問題を新しく見つめなおして定義する行為だ。ダグ・ディーツは、「共感」を通じて子どもの立場でMRI機器とMRI検査を見つめなおした。そして問題はMRI機器やMRI検査自体ではなく、子どもが機器と検査について持っている感情であると悟ったのだ。その結果、問題を「どうすれば子どもが麻酔注射を打たずにMRI検査を受けられるようになるのか」から「どうすれば子どもがMRI機器に親しみを感じられるのか」「どうすればわくわくと楽しい顔でMRIの中に入れるようになるのか」というように、新しく定義することができた。

段階3の「問題解決のためのアイディアを出す」は、言葉のとおり、問題を解決するためのアイディアを導き出す過程だ。スタンフォード大学Dスクールの設立者のひとりであるデイヴィッド・ケリーは、トム・ケリーとの共著『クリエイティブ・マインドセット（Creative Confidence—2014年刊、日経BP)』で、独創的なアイディアを導き出す22の方法についてアドバイスしている。このうち代表的な10の方法をピックアップすると、次のとおりである。

1. 最高の努力をする。
2. アイディアが浮かびやすい環境を作る。
3. 潜在意識を活用する。
4. ブレインストーミングをする。
5. アイディアノートを書く。
6. 人と楽しく会話する。
7. 問題をすでに解決したと考える。
8. ストーリーボードを活用する。
9. マインドマップを活用する。
10. ビジュアルシンキングする。

この段階では、前記の方法のうち一部を使ってもよいし、すべて使ってもよい(22)。ダグ・ディーツもこの方法を用いて、MRI機器を宇宙船または海賊船にデザインし、MRI撮影技師が小児患者へ宇宙船または海賊船で旅立つ冒険話を聞かせるというアイディアを導き出した。

段階4の「試作品作り」はアイディアから実際に試作品を作ってみることで、段階5の「実験し検証する」は、試作品を用いて検証しながら完ぺきな製品を作っていくことだ。ダグ・ディーツが、子どもが好きそうな何種類ものステッカーと模型を作り、それを

MRI機器に装着したあと、子どもの反応を見てから最終的に「海賊船MRI」と「宇宙船MRI」に決めたことを思い浮かべればよい。

デザイン・シンキングの学びを阻害する5つのこと

スタンフォード大学の創造的革新とDスクールのデザイン・シンキングは、じつはずいぶん前から韓国では知られている。政府は、1999年にすでにベンチャー起業家などをスタンフォード大学に送って創造的革新を学ばせる「SEIT韓国　スタンフォード協力事業プログラム」(23) を作り、2014年にはスタンフォード大学Dスクールでデザイン・シンキングを学ばせる過程を盛り込んだ「グローバル起業家精神プログラム」を作った。企業と大学も、2000年代中盤からじつに熱心に学習し実践してきた。そのため、スタンフォードDスクールのデザイン・シンキングは、韓国で誰でも学び、実践することができるものになった。

ここでひとつ疑問を投げかけたい。

「それにもかかわらず、韓国はなぜこれまでいかなる創造も革新も起こすことができなかったのだろうか？　そして、なぜ人工知能に代表される第4次産業革命の主流になるどころか、その巨大な流れの中で無残なまでに後れを取っているのだろうか？」。

スタンフォード大学機械工学科ラリー・ライファー教授は、Dスクールの設立者のひとりである。彼はDスクールの頭脳ともいうべき人物だが2000年代中盤から韓国を訪問してデザイン・シンキングを伝えている。彼は先の問いに対し、次のように答えた。

1. 親は子どもが安定した道に進むことだけを願い、子どもは大人になっても親に依存する特有の家族文化がある (24)。
2. 思考が韓国教育システムの枠組みの中に閉じ込められている (25)。
3. 自分の中にすでにクリエイティビティが存在するという事実を

信じない(26)。

4. 創造的人材になりたいという差し迫った思いがない(27)。

5. 共感と対話に基づく協力文化がない(28)。

一言でいうなら、**韓国社会特有の「型」を破らないかぎり、いくらスタンフォードDスクールのデザイン・シンキングを熱心に学んだところで、創造的共感をすることも、創造的革新を起こすこともできないということだ**。韓国人は、画一化された家庭で生まれて“勉強”中心の画一化された家庭教育を受け、画一化された学校に入って、やはり“勉強”中心の画一化された学校教育を受ける。そして、画一化された大学に入って“単位”と“就職”中心の画一化された教育を受け、画一化された職場に就職して“仕事”中心の画一化された人生を生きる。そのようにして、韓国人は大韓民国という巨大な機械構造の中で、まるで機械のように生きてゆく。その結果、韓国人は、ラリー・ライファー教授が指摘したデザイン・シンキングを無用の長物にする上記5つの要素をすべて持ち合わせているのだ。

いままでは機械のように生きるほうが楽だった

第3次産業革命時代までは、機械のように暮らしていてもよかった。むしろ機械のように生きれば生きるほど、学校と社会では認められた。しかしもうおわかりだろうが、第4次産業革命からはそうはいかない。もはや機械のように生きていく人々は、彼らよりもっと優良な機械、すなわちAIに置き替えられる。

あなたの人生を振り返ってみよう。夢、希望、自由、創意、個性、信念、望み、愛……。あなたは、あなたを最も人間らしくしてくれる価値を、どのくらい追求して生きてきただろうか？　おそらく、ほとんど追求したことがないだろう。というより、追求する時間がほとんどなかったはずだ。学校の成績を上げるために、受験勉強のために、単位を取るために、スキルを身につけるために、就職の準備をするために。社会に出てからはどうだろうか。職場で生き延びるために、学生時代とは比較にもならないほど仕事中心の生き方をしてきただろう。そうしてあなたは、半ば自主的に、半ば求めに応じて、人間であることを拒否して機械のように生きてきた。しかし、今後はそのように暮らしてはいけない。あなたとは比較もできないほどの学習能力と業務遂行能力を持った機械が、いまあなたが働く職場へ押し寄せてくるのだから。

私たちの社会はどうか？　これまで私たちの社会は、人類史上最も機械的な社会になるために努力してきた。そのため、最速で経済的成功を遂げたのだ。しかし人工知能時代が幕を開け、その成功の公式は崩れた。これから私たちの社会は、新しい成功の時代を準備しなければならない。人間中心の社会に変化しなければならないのだ。家庭と学校はもちろんのこと、企業や政府も人間中心に生まれ変わる必要がある。そうしなければ、私たちの社会に未来はない。

1日に1時間だけでも、1週間に1日だけでも、外部の声ではなく内なる声に耳を傾けることをすすめたい。学校、職場、社会ではなく、あなた自身のリズムに合わせ、考え、夢見て、行動する時間を持ってほしい。そんな時間が蓄積されてゆけば、あなたは自然に人間性を回復できるはずだ。あなたが機械ではなく、人間であると悟ることができるだろう。まさにその瞬間が、あなたがAIに勝つ瞬間だ。AIの奴隷として生きていく未来が、AIの支配者として生きていく未来に変わる瞬間である。

人間本来の価値を回復すれば、おのずと韓国特有の家族文化と教育の型を脱するようになるだろう。あなたは自由になり、自分の内に秘めた創造性を見つけるだろう。そして内なる創造性を発揮して自己を完成し、社会を変えたいという切迫した心を持つようになるだろう。そして、自分のような切迫感を持った人々を探すようになり、彼らと創造的に協力するようになるだろう。ちょうどそのとき、スタンフォードDスクールのデザイン・シンキングが立派な武器になるはずだ。デザイン・シンキングは、機械のように生きる人のためのものではない。毎日の一瞬一瞬を人間らしく暮らすため、必死に努力する人のためのものである。

Eight 05

「哲学」こそが人間固有の能力に目覚めるための武器である

7,500万ドルの哲学

2014年頃のことである。Kensho社のAIがウォール・ストリートの心臓部と呼ばれるゴールドマン・サックスに入社した。当時ゴールドマン・サックスには、ウォール・ストリート最高のトレーダー600人が勤めていた。しかし、Kensho社のAIが導入されてからいくらも経たないうちに、598人が解雇された。彼らが一ヵ月かかってする仕事を、Kensho社のAIはたった数時間で終えたからだ。

この話はPart3で詳しく語るとして、私が強調したいのは、その約4年後となる2018年の出来事だ。アメリカ史上、ベンチマーク(benchmark)比較で最長期超過収益を記録した(29) **ウォール・ストリートの伝説的な投資家ビル・ミラーが、ジョンズ・ホプキンス大学哲学科に7,500万ドルを寄付したのである**(30)。彼は「なぜ哲学科なのか」という人々の質問に対し、このように答えた(31)。「私はジョンズ・ホプキンス大学の哲学博士課程を経て、投資の世界に入門した(32)。(…)私は博士課程時代に体系的に学んだ哲学的思考法を投資に適用し、記録的な収益を上げることができた。現在ウォール・ストリートの主流はAIである。しかし、私は哲学に基づいた人間の投資を変わらず支持する。(…) **最も成功的な投資は、投資家が哲学的探求と洞察を通じて新しく変化する世の中の構造と現実を理解するときに可能なものと信じるからである**」。

ビル・ミラーは、AIが占領したウォール・ストリートでAIに置き換えられるどころか、ソウル大学のユ・ギユン教授チームが『未来社会報告書』で予測した第1階級のように、AIを秘書のように従えて最高の実績を上げている。つまり彼は、AIの支配者として生きているのだ。そして、その秘訣として人間にのみ可能な「哲学」を備えているのである(33)。

もちろん、このように聞き返す人もいるだろう。

「今後、人工知能が哲学をするようにならないという保障はあるのか？」。

しかし、このような質問はまだ72キュービットに過ぎない量子コンピューターが、500万キュービットを突破した頃にするべきだ。もっとも、量子コンピューターが500万キュービットを突破する可能性は現在のところほとんどないように見える。にもかかわらず、なぜ一部の科学者は500万キュービットを主張するのだろうか？ AIが少なくとも500万キュービットの量子コンピューターを搭載したとき、はじめて「AIが人間のように自分の感情や考えを持つこともあるのではないか？」という質問が、SF的な意味ではなく科学的・技術的な意味を持つと見ているからだ。

シリコンバレーの天才たちはなぜ哲学に夢中になったのか

ビル・ミラーの話に戻ろう。ウォール・ストリートの伝説であるビル・ミラーは、自分の投資経験を通じて、AIに勝つことができる最高の武器は哲学であると確信したようだ。そして、若き哲学者たちが自分のように投資家に変身し、AIに打ち勝つウォール・ストリートの新しい伝説になると切望しているようだ。だから母校の哲学科に7,500万ドルという天文学的な金額を快く寄付したのだろう。

ここでひとつ興味深い事実を明らかにしよう。Kensho社でAIを作ってウォール・ストリートに壊滅的なショックを与えたKensho Technologies創業者のダニエル・ナドラーも、幼い頃から哲学と文学に没頭した人物だ。**彼はハーバード大学時代、世界最初の哲学者タレスに関する論文を書いてもいる**。人文学徒から人工知能開発者に変身したのも、人工知能を通じて自分の哲学を具現化してみたかったからである。おそらくダニエル・ナドラーも、ビル・ミラーのようにAIに打ち勝つ最高の武器は哲学であると認識しているはずだ。少なくとも私はそのように思う。

ピーター・ティールという名前を聞いたことがあるだろうか。彼は現在シリコンバレーで、スティーブ・ジョブズとイーロン・マスクを超える未来設計者と呼ばれる人物だ。マーク・ザッカーバーグから「ティールのおかげでFacebookが誕生した。彼は私の人生において最高のアドバイザーだ」という称賛を受けたかと思えば、シリコンバレーの天才たちからは「我々のゴッドファーザー」と呼ばれている(34)。彼はシリコンバレーの“師匠”というべき存在だ。

世界最大オンライン決済サービス企業であるPayPalを創業し、YouTube、LinkedIn、テスラなどを誕生させたピーター・ティールは、2004年にビッグデータ分析企業パランティア（Palantir）を創業した。PayPal時代からすでに人工知能を活用して最高の実績を上げたことがあった彼は、パランティアにも人工知能を積極的に活用した。そのおかげでパランティアは幾何級数的に成長し、現在はCIAやFBIを始めとする全世界の国家情報機関を顧客にしている。ところで、パランティアのCEOは、創業初期から現在までピーター・ティールではなくアレックス・カープが引き受けている(35)。シリコンバレーで事業パートナーを最も酷評するというピーター・ティールに選ばれたアレックス・カープは、いったいどんな卓越した能力を持っているのだろうか。これについてピーター・ティールは、次のように答えた。

「**アレックス・カープには哲学する能力があるからだ**」。

アレックス・カープは、現存する最高の哲学者のひとりであるユルゲン・ハーバーマスに直接哲学を学んだ。もちろん彼は、哲学だけを学んできたわけではない。哲学博士の学位を取得するやいなや、スタートアップ企業で驚くべき成功をおさめたほど、卓越した経営能力を持っている。IT技術と人工知能に精通していることは言うまでもない。

CEOに欠かせないのは哲学

ここで少し韓国の話をすると、**韓国の企業界が過去10年以上かけて哲学（人文学）を熱心に勉強したにもかかわらず、これといった革新を起こすことができなかったのは、哲学（人文学）の知識だけに触れようとしたからである**。哲学書（人文学書）を読んで哲学（人文学）の講義を聞くという、このふたつにだけ重点を置いたとでも言おうか。韓国企業界の哲学（人文学）旋風は、シリコンバレーから来たと言ってもよいだろう。それならば、シリコンバレーの起業家は、韓国の起業家のように哲学（人文学）を「勉強」しているのだろうか？　そうではない。

シリコンバレーの起業家は、哲学（人文学）を自分の事業とIT技術に直接応用している。哲学者でありながらCEOでもあり、IT科学者でありながらIT技術者でもあると言えばよいだろうか。彼らが経営のアドバイスを求める哲学者も同様である。大学という垣根に閉じ込められたまま死んだ知識だけを掘り下げる哲学者ではなく、いま目の前で生きて動く知識、すなわち企業経営、IT、人工知能などに関して卓越した知識を有する哲学者に経営のアドバイスを求めているのだ。

すでに述べたように、ピーター・ティールは、シリコンバレーの人工知能の天才たちが師匠と仰ぐ人物である。そして、「人工知能時代に私たちはどんな準備をしなければならないか」および「とりわけ経営者はどんな準備をしておくべきか」という質問に、最も優れた答えを示すことができる人物だ。彼は「ただひたすら哲学を！」と叫んでいる。実際に、哲学者を自分の人工知能ビッグデータ企業パランティアのCEOの座に迎え、パランティアを全世界の国家情報機関から依頼を受ける企業にまで成長させた。まるでビル・ミラーがウォール・ストリートでそうだったように、ピーター・ティールとアレックス・カープはAIには絶対に持つことのできない人間固有の能力である哲学的思考を通じて、AIを秘書のように従えた。そしていまこの瞬間にも、シリコンバレーの新しい記録を塗り替えている。

このふたりだけではない。シリコンバレーの起業家は、皆、哲学を実践している。とくに、人工知能関連企業の経営者であればあるほど、必死で実践している。人間固有の共感能力と創造的発想力を最大化させることができるツール、強力なAIでも打ち破ることができる最高の武器が、哲学だからだ。おかげでいま、哲学はシリコンバレーで新しい全盛期を迎えている。

名門校がソクラテス式対話法を取り入れる理由とは

以下に列挙する学校の共通点は何だろうか？

1. NASAとGoogleが投資し、人工知能時代の支配者を作ることを目標にする「シンギュラリティ大学」。
2. 人工知能時代のリーダーを育てるために講義を廃止し、新しい教育課程を取り入れているハーバード、スタンフォード、イェール大学のような世界最高の名門大学。
3. 人工知能時代に適合した人材を育てるためにIT機器を禁じる教育課程を取り入れたシリコンバレーの私立学校。
4. イーロン・マスクが、シリコンバレーの私学教育では人工知能産業の第一人者、すなわち兆万長者になる方法を教えることができないとして、自分の子どもたちを皆中退させたあとに設立したプライベート私学「アド・アストラ」。

答えは、教育課程の重点が、哲学する人間を育てることに置かれていることだ。もちろん、程度の違いはある。イーロン・マスクが建てたアド・アストラは、初めから哲学者の育成を目的にしているように見える。それくらい積極的に哲学を追究している。一方、他の学校はアド・アストラほどではない。

アド・アストラの話を少ししておこう。この学校は、すべてが秘密に包まれている。イーロン・マスクが、世間に公開されることを望んでいないからだ。

しかし最近、この学校でどのような教育が行われているかが、少し明らかになった。シンギュラリティ大学の共同設立者であり、民間月探査プロジェクトで有名なXプライズ財団CEOピーター・ディアマンテスが、アド・アストラを訪問したあと、メディアのインタビューを受けたのだ。そして、アド・アストラの共同設立者兼校長であるジョシュア・ダーンも、インタビューに答えた。ふたりが語ったアド・アストラは、次のとおりだ。

「イーロン・マスクの5人の子を含む31人の子どもたちが通っている(36)。子どもたちの年齢は、7歳から14歳までで、平均年齢は10歳。シリコンバレーのIT技術、とくに人工知能技術の発達に合わせて毎年教育課程を作りかえる。学年は存在しない。代わりに存在するのは、チームである。成績評価はなく、宿題もほとんどない。すべての教育活動は、ソクラテス式対話法で進められる。人工知能中心の未来社会で人類が直面する問題をシミュレーションし、これに対する解決策を哲学的対話と討論で導き出すのが教育の核心だ(37)。それに加え、起業家精神・リーダーシップ・数学・科学・工学・人工知能・ロボットなどについて学ぶ。そして、経済を学ぶために、校内では『アストラ』という仮想通貨が使われている。体育・音楽・外国語の授業はない」。

先に言及した学校の話に戻ろう。これらの学校が人工知能時代の新しい教育として哲学を選択した理由は簡単だ(38)。哲学は、人間固有の能力である共感能力と創造的発想力を目覚めさせる最高のツールだからだ。つまり、哲学する人間はAIに置き換えられることはない。AIの支配者になるのだ。逆にいえば、哲学する能力を持つことができなかった人間は、AIに置き換えられてしまう。AIの奴隷になるともいえるだろう。

過去には、既存の知識と技術をしっかり習得するだけで、誰でも社会に役立つ人間になることができた。しかし、これからは違う。

共感能力と創造的発想力を持たなければならない。それが、先進国の学校が第4次産業革命時代を迎え、教育の中心に哲学を据えた理由だ。

さて、ここでこんな問いを投げかけてみよう。

「先進国の未来型学校が追究する“哲学”とはどのようなものだろうか？　私たちの知る“哲学”と同じものだろうか？」

かつて私は著書『考える人文学』で、次のように記した。

「古代ギリシアの哲学者にとって“思考”とは、永遠に変わることなく、永遠に存在する真理の世界を認識する行為だった。彼らはこの行為を『ノエシス（νόησις）』と称した。そして、哲学する人だけが、ノエシスをできると宣言した。そうして彼らは、ノエシスを通じて輝かしい古代ギリシア文明を建設した。（…）古代ローマのアウグスティヌスは、古代ギリシアの『ノエシス』に相当する『コギト（cogito）』、すなわち哲学的思考を通じて、約千年にわたる中世ヨーロッパ文明の門を開いた。デカルトもコギトを通じ、近代ヨーロッパ文明の門を開いた。そして、ラテン語のコギトに相当する英語の“think”は、現代ヨーロッパ文明と現代アメリカ文明を作った。**人文学的意味の“think”は、単純な意味での『考え』ではない。新しい人類文明を創造し、既存の人類文明を改善する行為だ**」。

武器になる哲学「トリビウム」は共感を得る力

未来型学校が追究する哲学的思考力は、トリビウム（Trivium）を通じて育てることができる。トリビウムとは、「3つの」を意味するラテン語“tri”と、「道」を意味するラテン語“vium”の合成語だ。哲学（人文学）を実践する3通りの道である文法学、論理学、修辞学を意味する。

「文法学」は哲学書を読んで内容を理解すること、「論理学」は哲学書で悟った哲学者の思考法をツールに自分自身の思考をすること、すなわち自分の論理を作ること、「修辞学」は自分の考えを文章にしてシェアすること、すなわち他の人々の共感を得ることだ[39]。

ハーバード・MITのような世界最高の大学、シリコンバレーの私学、アメリカ・ヨーロッパの未来型私学がトリビウムの中でも最も重要と考えているものがある。それは、修辞学だ。そして、これらの教育機関では、とりわけ作文に重点を置いている。

いますぐ紙とペンを取り出して、「幸福」を主題に文章を書いてみよう。

「『感覚的幸福』と『精神的幸福』、ふたつのうちどちらが真の幸せか」。
「私が心から幸せになろうとすれば、どのような思考をしてどんな行動をとるべきなのか。また、誰と一緒にいるべきなのか」。
「自分が追求する幸せが、自分の周囲の人々、または自分が属する共同体が追求する幸せと異なる場合、自分はどうすればよいのか」。

等々の問いを自分自身に投げかけてみれば、答えを得るために奮闘する自分に気づくはずだ。それに加えて、自分が書いた文章を他の人々に読んで聞かせ、共感と支持を得なければならないと考えてみよう。文章を書いている間、心に火がつくだろう。知らないうちに仮想の人物を目の前に置いて、全力を尽くして彼らを説得しながら文章を書くはずだ。このように、トリビウムの修辞学を実践すれば、自分でも気づかないうちに次の4つの能力が育つのだ。

1. 深く考える能力。
2. 思考の論理を緻密に整える能力。
3. 思考の論理をわかりやすく表現する能力。
4. 他者に共感する能力。

勘のよい人ならもう気づいただろう。1番目と2番目は創造的発想力を育て、3番目と4番目は共感能力を育ててくれる。すなわち、トリビウムの修辞学を実践するだけでも、AIには絶対に持つことができない人間固有の能力を育てられるのだ。だからこそ、人工知能時代のリーダーを育てようとする学校は、修辞学を教育課程の中心に据えている。

あなたの未来は哲学にかかっている

あなたがこれまでに経験した哲学とは、哲学書を読み、内容を把握して、討論する程度だったはずだ。つまり、哲学者に関する知識を蓄え、共有することだった。しかし将来は、AIがそれをもっと上手にやるようになる。いや、あなたとは比較もできないほど完ぺきにやるはずだ。いまこそあなたは、本当に哲学をしなければならない。哲学者の思考方式をツールに、自分の頭で自ら思考できなければならない。いや、哲学者の思考方式を飛び越えて、自分だけの思考方式を創造できなければならない。あなたの中で論理的に整えられた考えを、説得力のある文章にできなければならず、あなたの文章を人々と心から分かち合わなければならない。

Xプライズ財団会長のピーター・ディアマンテス、シンギュラリティ大学学長サリム・イスマイル、マイクロソフトCEOサティア・ナデラ、スタンフォードDスクール共同創設者バーナード・ロスなどシリコンバレーの天才は、すべて次の3つの主題について深く考え、文章にし、他の人々と共有することを勧めている(40)。

1. 私は誰か。
2. 私はなぜ生きるのか。
3. 私は何のために生きるべきか。

さらに、この3つの問いを次のように広げることを勧める。

1. 私はなぜこの仕事をするのか。
2. 私が属する組織は何のために存在しているのか。
3. 人類社会の共存と発展のために自分たちの組織がするべきことは何か。

CEOには、次の3つの主題について深く考え、文章にし、社員と共有することを勧めている。

1. 将来自分に最も大きな影響を及ぼすIT技術、とくに人工知能技術は何か。
2. 私が今後、真剣に研究して準備しなければならない未来型組織の姿とは、どのようなものか。
3. 新しく形成された未来社会で、経営者として直面する問題と解決策は何か。

日本が2020年から取り入れている国際バカロレアは、次の6つの主題について、考え、話し合い、討論し、作文し、共有（共感）することを勧めている。いや、この6つの主題について教師と学生が、思考、対話、討論、作文、共有を通じて、自ら教科書を作り学習する教育課程を提示している(41)。

1. 私（私たち）は誰か。
2. 私（私たち）はどのような場所と時代に生きているのか。
3. 私（私たち）は自らをどう表現するべきか。
4. 万物はどのように機能していて、世界はどう動いているか。

5. 私（私たち）は自らをどのように組織し、社会を体系化することができるか。
6. 私（私たち）が地球で他の生物、他の人々と共存するためには、どうするべきか。

哲学せよ！　ただひたすら！　あなたの未来は哲学にかかっている！

Eight

06

眺め、共有し、融合せよ

未来のエリートに求められる「文学的創造力」

もし、医科大学で小説の創作を教えていて、医大生が授業時間に小説を執筆していると聞いたら、あなたは信じるだろうか。アメリカのコロンビア大学医学部では、まさにそれが行われている。**将来、医師が備えておくべき必須の能力は、患者の心的・肉体的恐怖と苦痛に共感し、患者と疾病に独創的に対峙することだ**。これらの能力を育てるのに、小説の創作が役立つと考えられているのだ。

日本の人工知能教育革命の源流であるフランスのバカロレアは、文学が必須だ。フランスの学生は、詩・小説・随筆・戯曲のような文学作品を読んで消化したあと、小論文を書く。そして、それを他の学生と共有する。トリビウムの修辞学に即した文学教育を受けているのである。フランスでは大学入試をバカロレア(42)で受けるが、学生たちは、文学作品を読んで分析したあと、自分なりの想像力を発揮して小論文を書かなければならない。試験官が提示した文学作品の抜粋文を読んで、試験官の質問に答える口述試験もある。学生と試験官が一種の文学討論をすると思えばよいだろう。最も独創的な分析をし(創造的発想力が最も優れていて)、それを最もうまく文章にして(自分の創造的思考を最もよく表現し)、最もうまく説明した(共感能力を最もよく発揮した)学生が、最も良い点数を得て最も良い大学に進学する。

世界最高峰のイェール大学医学部の美術講義

おそらく、あなたはこれまでに何らかの文学作品を読んだことがあるだろう。しかし、読むだけで終わったはずだ。あなただけの独創的な分析をするとか、意見を持つようなことはほとんどなかったのではないか。ましてや、あなたの独創的な分析と意見を文章にして、それを他の人々と共有することはなおさらなかったはずだ。しかし、今後はそうしなければならない。あなたの共感能力と創造的発想力を目覚めさせるために。

しかし、韓国の人々は、大半が高校卒業と同時に文学から卒業してはいないだろうか？　大学入学以後にも、さらには社会に出てからも、文学作品を粘り強く読む人々の読書文化は、内面の共感能力と創造的発想力を目覚めさせるものとは距離があるように思える。小・中・高校時代の入試における文学への向き合い方の域を出ていないような感じだ。さらに大きな問題は、読書術の講義などをする読書専門家と言われる人々でさえ、そうだということだ。このような環境で、AIには絶対に持つことのできない人間固有の能力を育てる読書ができるだろうか？　おそらく不可能だろう。

イェール大学医学部には、最高と評される講義がある。それは驚くべきことに、医学ではない。美術の講義なのだ。医大生は、教授と美術館に行き美術作品を入念に観察したあと、それを他の学生と共有する。この過程は、読者が文学作品を精読したあと、自分だけの観点から作品を分析し、他の読者と共有する過程と似ている。つまり、イェール大学医学部の美術館講義は、文学の講義を美術館に移したようなものだ。美術と文学の融合とでもいうべきか。イェール大学の医学部がこのような講義をする理由は簡単だ。単に医学知識と技術だけを習得した学生は、機械のように患者に接する医師になる可能性が高いが、美術館講義を並行して受けた学生は、患者と独創的に共感し、コミュニケーションをとる医師になる可能性が高いと考えているからだ。

独創的な「トリビウム」を使った歴史の授業

アメリカとヨーロッパの私立学校、特にキリスト教系の古典的な学校の教育方式は、トリビウムである。私は、これらの学校で行われている歴史教育について重点的に研究したことがある。最も印象的だった授業は、**教師が子どもたちに、まだ学んでいない歴史的事件の結末を想像させ、それを文章にして発表させたあと、本当の歴史の結末と見比べさせるというものだった**。例えるならば、教師が子どもたちに「清王朝の火縄銃部隊を敗北させたロシアのフリントロック式マスケット銃部隊が、李氏朝鮮（韓国）の鳥銃部隊（鳥銃とは、鳥を狩るための小銃のこと）と戦闘をしたら、どうなるか」という質問をしたあと、子どもたちにその結果を自由に想像させ、文章にして発表させるのだ。そして、実際の歴史、すなわち朝鮮鳥銃部隊が圧勝した「羅禅征伐」の結果を教え、自分たちの想像と比較させるのだ。

自分がよく知らない歴史的事件の結末を想像してみるには、豊かな文学的想像力が必要である。その当時の人々の頭と心の中に入らなければならないからだ。この過程自体が、共感能力と創造的発想力を大きく発展させる。これに加えて、実際に起きた歴史的事件の結末と比べるという過程を経ると、どうなるだろう？　共感能力と創造的発想力がさらに磨かれることになる。これは、歴史と文学の融合といえるだろう。このことが、人工知能時代に人間が必ず身につけなければならない人間固有の能力を育てるうえで、最高の効果を発揮するのだ。

内なる共感能力と創造的発想力を目覚めさせる文学の読書法としては、イェール大学医学部の美術館講義と、欧米の私立学校で行われている歴史の授業を勧めたい。「それは美術と歴史ではないか。どこが文学なのか」と言う人もいるだろう。しかし、私はこう断言する。そういった考えが通用するのは、第3次産業革命時代以前のみだと。第4次産業革命時代には、文学を読む観点そのものを変えなければならないと。

AI時代に必須の美術と文学の融合

1. いますぐ美術館に行き作品をひとつ選んで、時間をかけて鑑賞する（作者の意図は気にしなくていい）。
2. 家に帰ったらなんでもいいので文学作品を読んでみよう（スタイルは詩、小説、随筆、戯曲、なんでもいい）。
3. その感想をノートに書き記そう。
4. 信用できる人たちと共有しよう。

美術と文学の融合が終わったら、創造的発想力を身につけるための読書をおすすめする。

歴史の事件を想像する

1. 歴史書を1冊手に入れよう（全然知らない国や時代のもの）。
2. 1ページ目から丁寧に読もう。
3. 重要な事件が出てきたら本を閉じて、事件の結末を具体的に想像しよう。
4. 文章にしてから、また読み始めて歴史の事実と比べてみよう。

この工程はできれば誰か他の人と共有してほしい。そうすることで、あなたの共感能力と創造的発想力を発展させよう。これが、第4次産業革命という巨大な波に乗ってさらに遠くへ行こうとするあなたが、実践すべき歴史と文学の融合である。

いますぐ美術館に行き、作品をひとつ選び、それを心の底から、時間をかけて見てみよう。作者の意図と作品のメッセージは、あえて把握しなくてもいい[43]。ただ、誠意を込めて、深くながめてみよう。そして、家に帰ってきたら、何か文学作品を読んでみよう。内面に、ある変化が生じてくるのが感じられるだろう。文学作品を新しい目で読んでいるあなた自身が見つかるはずだ。その変化と新しさを、詩、小説、随筆、戯曲などの形態でノートに書いてみよう。そして、信じられる人たちと共有してみよう。これが今後、あなたが実践すべき文学である。いや、人工知能時代に必須の、美術と文学の融合である。

産業的観点からみた道徳・倫理「トロッコ問題」

人工知能技術が発達すればするほど重要になることがある。倫理・道徳的判断である。事実、ここまでの文章を読んで次のように思った人もいるだろう。

「人工知能技術が発達すればするほど失業者が増え、難民のような人々すら出るかもしれないという。それならば、人工知能自体が巨大な悪といえるはずだ。それなのに、倫理・道徳的判断が重要になるとはどういうことなのか。心から倫理と道徳を考えるのなら、いますぐにでも人工知能開発をやめるべきではないのか？」

私もこの考え方に同感だ。人工知能に関する資料を見れば見るほど、人類の未来が暗くなるように感じられる。もちろん、人類は人工知能によって新しい時代を迎えるだろう。これまでになかった豊かさと便利さを享受するはずだ。しかしそのことが、数えきれないほどの名もない人々の犠牲の上に成り立つのだとしたら、果たして意味があるといえるのだろうか？　私は、意味があるとはいえないと思う。しかし、私のこのような考えとは無関係に、人工知能技術の発達は加速するだろう。そして、それに備えることができなかった大多数の人類は、痛ましい未来を迎えることになるだろう。そう定められた未来の前で私ができることといえば、未来の危険を警告し、その対応策を知らせることだけだ。

人工知能技術が発達するほど、倫理・道徳的判断が重要になる。その理由は、**人工知能技術発達による倫理・道徳的問題を解決することができなければ、人工知能産業を大きく発展させるのが困難だ**

からだ[44]。Googleが技術開発を主導している人工知能自動運転車について見てみよう。じつは、自動運転技術はほとんど完成されているといっても過言ではない。しかも安全性などの点においても、人間より優れているという評価を受けているが、倫理・道徳的な課題がまだ残されている[45]。シリコンバレーを沸かせた論文、「AI自動運転車が誰かを殺害するように設計されてしまう理由」で取り上げられた問題を紹介しよう[46]。この論文は、イギリスの哲学者フィリッパ・フットが提案した「トロッコ問題（trolley dilemma）」を、自動運転車に適用して、次の3種類の状況を仮定している。

1. 直進すれば10人をはねるが、急に方向を変えれば1人をはねる。
2. 直進すれば1人をはね、急に方向を変えれば運転手が重傷を負うか死亡する。
3. 直進すれば何人かをはね、急に方向を変えれば運転手が重傷を負うか死亡する。

　これらの状況で、AIはそれぞれどのような判断を下すべきだろうか？　多くの学者が、この問題について意見を提示した。しかし、その誰もが、3種類の状況で直面した倫理・道徳的な課題を完全に解決することはできなかった。今後もこの問題が完全に解決されることはないだろう。もちろん人工知能自動運転車は、この問題の解決可否とは関係なく、道路を走りはじめるだろう。しかし、自動運転車メーカーがこれについて完ぺきな答えとまではいかないにしても、現時点で示されている解よりも適切な解を導くことができなかったなら、自動運転車が全世界の道路を埋めつくすことはおそらくないだろう。要するに、シリコンバレーは、人工知能の倫理・道徳的問題を徹底的に産業的観点からとらえている。シリコンバレーで哲学（倫理・道徳学）が全盛期を迎えているのにはこのような理由もある。

スタンフォード大学の「人生をデザインする力」

一方で、このことは何を意味するのだろうか。将来的には、人工知能が直面する倫理・道徳的問題をあらかじめ推測し、見当をつけて、解決する能力を持った企業と人材が、人工知能産業のリーダーになるということだ。だからこそ、Google・マイクロソフト・アップルなどの世界的な人工知能企業と、ハーバード・スタンフォード・MITのような世界的な大学が、人工知能倫理研究所などを設立して人工知能の倫理・道徳的問題の解決に力を注いでいる。そして、人工知能時代のリーダーを育成する学校が、倫理・道徳を教育課程の中心のひとつにしているのである。とりわけ、人工知能産業の第一人者を育成するという目標を持ったイーロン・マスクのアド・アストラは、最初から教育課程全体において、人工知能中心の未来社会に必要な倫理・道徳的問題を予測し、これに対する判断能力を育てるという内容に重点を置いている。

シリコンバレーで文学は、倫理・道徳的問題を予測して、これに対する判断能力を育てるツールとして使われている。バーナード・ロスの『スタンフォード大学dスクール――人生をデザインする目標達成の習慣(The Achievement Habit―2016年刊、講談社)』によれば、まず、彼は、受講生たちに小説『怒りの葡萄』から抜粋した「トラクター耕作」を読ませる。アメリカ大恐慌の時期に、アメリカの平凡な家庭が貧困家庭へ没落する過程をリアルに描いた作品だ。

内容は、次のとおりである。主人公が監獄を出て家に帰ってくると、家族はもちろん、村人がみんな引っ越しの準備をしている。地主である銀行が代理人を送り、今後は機械で農業をする、小作農は必要がないので退去しろと告げたのだ。実際に銀行は、トラクター一台を使って農業をすることにしたのだが、このトラクターは小作農100人分の仕事をこなした。村人は、新しく発明された機械一台のために突然失業し、慣れ親しんだ故郷を去らなければならないのだ。ところが、苦々しいことに、トラクターの運転手は同じ村人である。これに怒った別の村人が、トラクターの運転手に「なぜこんなことをするのか」と問うと、すぐに彼はこのように弁解した[47]。
「一日に3ドルもらえるんだよ。おれも妻子がいる身だ。家族と食べていかなきゃいけないんだ」。

村人は呆れたと言わんばかりに「あんたが一日3ドルを稼ぐために、二十の家族が飢えていて、100人以上が路頭に迷うんだ」と言うと、トラクター運転手は冷たく言い返す。
「仕方ないことだ。時代が変わったんだから。もうトラクターがなければ農業はできない時代なんだ」。

そしてトラクターを運転しながら「あんたの家を倒して農地にしてやる。そうすれば、日当をさらにもらうことができるからな」と脅かす。村人が「それならば、おれはおまえを鉄砲で撃つ！」と言うと、トラクター運転手は「**そんなことをしても無駄だ。あんたが殺人罪で絞首刑を受けるだけで、銀行は他のトラクターの運転手を送って、あんたの家を倒すだろう**」と答える。

とにかく村は、こうしてトラクター一台で荒れ地になり、人々はなんとか食べていくために他の土地に行く。主人公も家族とともに、働き口があふれているというカリフォルニアに発つ。しかし、いざカリフォルニアに着いてみると、また別の地獄が待っているのだ。

「合理化と自己正当化」と「倫理・道徳的判断」

バーナード・ロス教授は、dスクールの学生に「トラクター耕作」を読ませたあと、このように質問する。
「もし、あなたが小説の中のトラクター運転手のような状況に置かれたら、つまり、トラクターを運転するほかに家族を扶養するいい方法がなければ、どうしますか？　喜んでトラクターを運転しますか？　それとも運転しませんか？　もちろん、どんな選択をすればよいかわからず、ただあたふたしているということもありえるでしょう。どうですか？　あなたはこの3つのうち、どれに該当すると思いますか？」

そしてこのように付け加える。

「この話は、典型的な倫理・道徳的問題を象徴しています。トラクター運転手は、自分の仕事が村人の暮らしを破壊しているということをよくわかっていますよね。しかし、彼も家族を養うためにはトラクターを運転するほかないのです。結局、彼は合理化と自己正当化を選択します。**自分がトラクターを運転しないとしても、土地の所有者である銀行は他の誰かを送って、トラクターを運転させるはずだということですね**。そして、このような自己の合理化と正当化は、私たちの日常でよく起きています」。

次に続くのは、人間の合理化と自己正当化を、倫理・道徳的にどう判断するのかについての討論だ。ここからは、私たちがよく思い浮かべるアメリカの名門大学の討論式授業が行われると思えばよい。

私は、文学作品『怒りの葡萄』を活用した、スタンフォードdスクールの倫理・道徳的問題の判断力と解決力を育てる授業に接して、韓国の現実を振り返った。そして、ふたつの衝撃を受けた。

ひとつ目に、『スタンフォード大学dスクール：スクール人生をデザインする目標達成の習慣』がアメリカで出版されたのは2015年、ということだ。その間、韓国は何をしていたのか？　いや、現在はどうなのか？　何をしているか？

ふたつ目に、もし『怒りの葡萄』に出てくる銀行が未来社会のある組織を象徴するとしたら、それは巨大人工知能企業になるだろうということだ。トラクターの運転手はその企業の職員である。もし近い未来に、実際に巨大人工知能企業が生まれたら、スタンフォードdスクールを卒業した人々はどうなるだろうか。おそらく巨大人工知能企業に入り、社会を人工知能中心に再編する役割を担うことになるだろう。スタンフォードdスクールは、この事実を非常によくわかっているようだ。そうでなければ、人間の倫理・道徳的問題を扱う数多くの文学作品の中でも、よりによって『怒りの葡萄』、それも「トラクター耕作」の部分だけを抜き出して教育するということの説明のしようがない。

ここまで話し終えてみると、文学は人工知能産業の道具にまで落ちたかのようであるが、決してそうではない。前述したように、文学は哲学とともに、AIには絶対に持つことができない人間固有の能力である共感能力と創造的発想力を育ててくれる最高のものだからだ。そして文学は、人工知能が直面する倫理・道徳的問題の本質的な部分を扱うことにも活用されている。代表的な例を挙げるなら、アイザック・アシモフが1942年に出版したSF小説『われはロボット（I, Robot）』の中の「堂々めぐり（"Runaround"）」である。この作品で提示されたロボット3原則(48)は、今日人工知能が直面するほとんどすべての倫理・道徳的問題の源泉になっている。残念なことに、韓国には人工知能が直面する倫理・道徳的問題にインスピレーションを与える文学作品がまったくなかったようだ。

AIには、倫理・道徳的問題を判断して解決する能力がない。これは人間の領域である。倫理・道徳的問題を判断して解決する能力を育てたかったら、哲学、特に倫理・道徳学と文学の融合を追求すべきである。例えば、アリストテレスの著作『ニコマコス倫理学』の観点で、ドフトエフスキーの『罪と罰』を読んでみよう。そして『罪と罰』が扱っている倫理・道徳的問題を、人工知能時代の人類が直面する倫理・道徳的問題に置き換えてみて、解決策を具体的に提示してみよう。

Eight 07

文化人類学的旅行を経験せよ

世界の天才たちが「ミネルヴァ大学」を選ぶ理由

ジョージ・アンダーソンの『You Can Do Anything: The Surprising Power of a “Useless” Liberal Arts Education』には、IBMに特別採用で入社し、AIのワトソン開発プロジェクトに投入されたオリバー・ミーカーの話が出てくる。

驚くべきことに、**オリバー・ミーカーはIBMに入社した当時、人工知能についてほとんど何も知らなかった**。それならば、IBMは一体なぜ彼を選んだのだろうか？　そして、ワトソン開発チームになぜ入れたのだろうか？　それは、彼には「文化人類学的旅行」をした経験があったからだ。

文化人類学的旅行とは、少なくとも数ヵ月、長い場合では数年間、現地に住んでその土地の人々の生活に深くとけこむような旅行のことをいう。自分とはまったく違った環境で、まったく違った暮らしをしてきた人々の、本物の文化を全身で経験するといえばよいだろうか。このような旅行をたった1回でも十分に経験すれば、人間を見る観点が根本的に変わる。

2014年に開学したミネルヴァ大学は、ハーバード・イェール・スタンフォード大学より入りにくい大学として有名である。実際に、ミネルヴァ大学とハーバード大学・イェール大学・スタンフォード大学などに同時に合格した学生は、大半がミネルヴァ大学を選択する。設立されてからたった5年にしかならない（2019年時点）この大学が、ここまでの強烈な存在感を示しているのは、教育課程において徹底的に人工知能時代のリーダーを育てることに照準を合わせているからである。もちろんハーバード・イェール・スタンフォード大学なども、人工知能時代のリーダーを育てる教育をしている。しかし、大学の全体的なシステムと雰囲気は、第3次産業革命時代を脱することができていない。ミネルヴァ大学は、すべてが第4次産業革命時代に向かっている。そしていま、未来を冷徹に見据えている世界の秀才は、ハーバード・イェール・スタンフォード大学に代わってミネルヴァ大学を選択するのだ。

世界各国、旅するように学舎を変える理由

ミネルヴァ大学の教育課程は、文化人類学的旅行そのものといっても過言ではない。この大学の寮は、韓国（ソウル）、アメリカ（サンフランシスコ）、イギリス（ロンドン）、ドイツ（ベルリン）、台湾（台北）、アルゼンチン（ブエノスアイレス）、インド（ハイデラバード）にある。学生たちは4年間これらの都市に居住して、現地の文化と産業を学ぶ。もちろん、人文学、数学、科学、人工知能なども学ぶ。教育方式は、ハーバードの医学部が2019年に取り入れたフリップトラーニングである(49)。ミネルヴァ大学が学生に4年間の文化人類学的旅行をさせる理由は簡単である。**文化人類学的旅行をすることで、自分でも気づかぬうちに、異なる文化を持った社会同士を繋ぐ能力を持つようになる**。そして、この文化の連結能力が、AIには絶対に持つことのできない人間固有の能力である共感能力と創造的発想力を大きく育てると考えているからだ。

ジェフリー・ダイアーとハル・グレガーセンの研究は、ミネルヴァ大学の判断を支持している。ふたりは経営戦略とリーダーシップ分野の世界的権威だが、アップルやAmazonのような世界的企業の創業者25人、革新的な製品を発明した・創造的な企業を立ち上げた500人、独創的で革新的という評価を受ける企業役員3,000人を、約8年間にわたって研究したことで有名である。この3つのグループ、

計3,525人の共通点は何だろうか？　それは、共感能力と創造的発想力が卓越しているということだ(50)。ならば、彼らの共感能力と創造的発想力はどこから来ているのだろうか？　これについてふたりは、このように説明している。
「彼らは文化人類学者のように観察する人々である。彼らの共感能力と創造的発想力は、文化人類学に基盤を置いている」(51)。
　ジェフリー・ダイアーとハル・グレガーセンが研究した創造的イノベーションを行う人々は、ほとんどが文化人類学的旅行をした経験がある。代表的な例として、スティーブ・ジョブズは、アップルを創業する前にインドで約8ヵ月間、文化人類学的旅行をした。後日ジョブズは、このインド旅行が自分の人生に大きな影響を及ぼしたと告白している。

IBMはなぜ人工知能の門外漢を社員に採用したのか

オリバー・ミーカーの話に戻ろう。彼は大学時代、人文学部教授の提案により1学期の間ベトナムで暮らすことになったが、このとき人生に対する見方が根本的に変わったという。ベトナムに行くまでの彼は、法律事務所で働く弁護士を夢見る典型的なアメリカの大学生だった。人生の舞台を自分が生まれ育った国、アメリカの外に広げる考えがない人とでもいおうか。しかし、ベトナムで現地の人々と交流するなかで、世の中には多様な生き方があり、自分の心構えによっていくらでも新しいかたちの人生を生きることができると知ったのである。アメリカという社会の型に自分を合わせ、機械のように生きていくのが最善の人生ではないかもしれない。自分が安らぎを感じる社会で水が流れるように自然に生きていくのが、もしかすると人間らしい生き方であるかもしれない。彼はそう悟ったのだ。

交換留学を終えてアメリカに戻った彼は、卒業するやいなや、またベトナムに向かった。そして4年間、そこで暮らした。オリバー・ミーカーは、ベトナムでどうやって暮らしていたのだろうか？　よくいる長期旅行者のような生活をしていたのだろうか。つまり、9泊10日の旅行を999泊1,000日に増やしただけの観光客として暮らしていたのだろうか。そうではない。彼は現地に深く溶け込んでいた。彼は、交換留学中にも、ホー・チ・ミンとヴォー・グエン・ザップ将軍のリーダーシップを、リー・アイアコッカ（アメリカ自動車産業の伝説と呼ばれる起業家）のリーダーシップと比較する論文を書くほど、現地の歴史と文化を通じて自分が属する社会を熱心に観察していた。その後は、現地人ばかりのベトナムの会社に就職し、ベトナムの企業文化を研究した。しかし、単に働いたり研究したりしていたわけではない。彼はアメリカのフランチャイズ企業をベトナムに持ちこんだのである。そのようにして、自分が生まれ育った社会と、旅行者としてかかわった社会を、文化人類学的に綿密に結び付け立体的に成長したのだ。

IBMは、オリバー・ミーカーの文化人類学的旅行の経験を高く評価した。そして彼に、IBMの人工知能プロジェクトとビジネスプロジェクトを連携させる仕事を任せた。彼が、互いに異なる組織文化を持つベトナム企業とアメリカ企業を文化的にうまく結びつけたように、Tシャツとジーンズ姿で働く人工知能開発者の世界と、スーツ姿で働くビジネスマンの世界を連結させることができる適任者と判断したからだ。IBMの予測は的中した。オリバー・ミーカーは、文化人類学的旅行の経験を十分に活かし、IBMの人工知能開発チームと自分をうまく結びつけた。おかげで彼は、IBMの人工知能プロジェクトについて、ともすれば担当者よりもよく理解する人物となり、IBMに入社する前の自分のように、IBMの人工知能プロジェクトをよく知らない事業家や投資家とうまく連携する知恵を身に付けた。そうやって彼は、人工知能とビジネスを繋ぐプロジェクトを見事に成し遂げ、さらに大きなプロジェクトも引き受けるようになったのだ。

旅行者ではなく生活者として、異邦人ではなく現地人として

私は過去8年間、毎年3、4回以上は文化人類学的旅行をした。ただし、私の旅行期間は長くて半月程度だった。

「少なくとも数ヵ月は現地で暮らすのが文化人類学的旅行ではなかったのか。たった半月で、自分は文化人類学的旅行をしたというなんて！」。このように思う方のために説明しておくと、**文化人類**

学的旅行の本質は現地に滞在した期間の長さではなく、現地の人とどのくらい密接な人間関係を結んだかである。そして、そのことを通じて、自分をどのくらい変えたかである。しかし、常識的にみて、他の国から来た人が現地の人と友達または家族のように過ごそうとすれば、基本的には数ヵ月必要だろう。それで私は「少なくとも数ヵ月」と言ったのだ。それならば、現地でたった何日間か過ごしただけで、現地の人と深い人間関係を結び、世の中と人間に対する見方を変化させた人はどうだろうか？　文化人類学的旅行をしたのか、していないのか。答えは、当然前者だ。

私の旅行が特別だったのは、現地で10〜30年間暮らし、その期間ずっと現地の人のために自分のすべてを見返りなく与えてきた人々、つまり宣教師と一緒にいたからだ。彼らと共にする1日は、想像を超えるほどに深く豊かで強烈だった。宣教師と長年にわたって家族以上ともいえる関係を結んで暮らして来た現地の人々が、旅行者を初めから家族のように受け入れてくれるからだ。

最近では、アフリカを旅行した。アフリカには多くの学校を建ててきたが、そのうちの何校かを見たかったからである。海抜1,800メートルの高山地帯に位置する、マサイ族が住む地域を旅行したときのことだ。このとき私は、現地の宣教師と合流することができなかった。空港から私と一緒に行くはずだった宣教師が、急に別の仕事が入り他の国に出張していたのだ。幸いにも空港には、彼が手配してくれた現地の人が来ていた。さらに幸いなことに、彼らマサイ族のリーダーは、韓国語を私よりも流暢と思えるほど巧みに話した。宣教師が彼らに頼んでいたことはただひとつだった。

「韓国から来る作家に、私に接するのと同じように接してほしい」。

村に到着するやいなや、まるで激流にのまれるように彼らの生活の中に取り込まれていった。マサイの戦士たちは、伝統的なマサイの衣装を着せてくれ、手に槍を持たせてくれた。私がマサイの歌を歌うと「兄弟！」と叫んだ。彼らだけではない。幼稚園の子どもたちからお年寄りまで、村人全員が私を家族として受け入れてくれたのだ。たった1日のことである。翌日には村の歴史と文化を学び、その次の日には、村が直面している現実的な問題、学校の増築、浄水施設の拡充、青年使節の韓国留学、国際里親制度などについて論議した。さらに、その次の日には地域のリーダーの集会に参加し、彼らと一緒に礼拝して、一人ひとりと交流した。そうやって私は、たった何日かのうちにその地域で少なくとも数年は暮らさなければ到達できないような域にまで達することができた。彼らとの交流は現在も続いている。私は韓国に帰ってから、マサイ族と緊密な関係を持つマググ村に学校を建てるなど(52)、数多くのプロジェクトに関わった。ちなみに、この交流と支援はすべて、私が副代表を務めるドリームス・ドリーム(53)という団体があったからこそ実現したことだ。ドリームス・ドリームスは、ボランティアスタッフが運営しているため運営費は0円で、後援金の100％を現地に送っている。

これほど重要なものであるにもかかわらず、韓国では文化人類学的旅行の文化が育っていない。そもそも、文化人類学的旅行というものがあり、これがAIに置き換えられないための自己を育てる強力な方法のうちのひとつであるという事実さえ知られていない。韓国の旅行文化はいまこそ、変わらなければならない。文化人類学的旅行が旅の主流として定着しなければならないのだ。

AIロボットが旅行すると仮定してみよう。どのような旅行なら人間よりもうまくできるだろうか？　韓国における旅行の二大定番は、ツアー旅行とバックパック旅行だ。AIロボットは食べることも飲むことも、休むことも寝ることもしないで旅行することができる。全世界の旅行会社のツアースケジュールを学習し、最も理想的なツアー旅行に参加することができるし、人間のバックパッカーには思いもつかないような、アマゾンの奥地の人食い族の村などはもちろん、海底や月へまでも行くことができる。

ならば、AIロボットが絶対にすることができない旅行とは何だろうか？　それこそが、文化人類学的旅行である。もちろんAIロボットも他の国の都市に長期間留まることはできる。しかし、その都市の人々との人間的な交流ができないため、現地社会と文化に深く溶け込んで交流することはできない。そして、このような経験を通じて自分が生まれ育った社会の文化と現地社会の文化を内面的に結びつけることもできない。これは、共感能力と創造的発想力の領域だからだ。IBMのような世界的な人工知能企業が文化人類学的旅行の経験がある人材を選び、ミネルヴァ大学のような人工知能時代に特化した大学が文化人類学的旅行を教育過程の中心に据えた理由がここにある。

私はずいぶん前から、ファンカフェの会員と文化人類学的旅行（随行ツアー）に行っている。海外の貧しい村に学校を建て、会員とともに飛行機で旅立ち、現地の人と一緒に時間を過ごし、学校竣工式をするような旅行を。私はこの旅行を通して、人間的に大きく成長する人たちをたくさん見てきた。

新しい時代は、機械のように生きる人間の時代ではない。最も人間らしく生きる人間の時代だ。あなたを最も人間らしくしてくれる旅行、それは文化人類学的旅行である。

Eight 08

私から君、
そして私たちの視座へ

日本のバカロレアにある「ボランティア」

EBS TVの「ドキュメント・プライム」で放映した「第4次産業革命時代：教育大革命」では、ノーベル賞受賞者を3人も輩出した日本の筑波大学大学院で運営する特別な教育課程が紹介されている。日本の人工知能教育革命の実践者というべき国際バカロレアの教師養成課程だ。日本政府主導で作られたこの過程は、1年以上現職を勤めた教師を対象に2年間実施され、すべての授業は英語で行われ、国際バカロレア専門家が直接教えるという。

私は日本の国際バカロレア教師養成課程を見て、ひとつ特異な点を見つけた。**必須履修科目に哲学、芸術、論文（記述、発表、評価、指導）、言語、数学、科学、社会に続いて「ボランティア」が入っていたのである**。国内外の恵まれない人々を助けるという、あのボランティアだ。そこで、日本のように人工知能教育プロジェクトを進行中のアメリカ、イギリス、ドイツ、オーストラリア、フィンランドなどの教育課程を見てみると、やはりボランティアが組み込まれている。代表的な例では、アメリカ最高の私立学校フィリップス・エクセター・アカデミーの場合、学生が学校に登校する代わりに貧困地域などでボランティア活動をすれば、その期間だけ単位履修をしたことと認定される。

いったいなぜボランティアは、「AIに置き換えられない人材を育てる教育」の中心的要素のひとつになったのだろうか？　苦しみながら生活している人たちに奉仕することは、人間だけができる高貴で崇高な何かだからである。

ボランティアにも共感とクリエイティビティが必要

AIにはボランティア活動ができないのだろうか？　それは違う。AIこそ、ボランティア活動を最も上手くこなす存在である。韓国でも海外でも、ボランティア活動は劣悪な環境の中で行われるため、精神的、肉体的に疲労しやすい。また、ボランティア活動はたいてい朝9時に始まり、夕方6時に終わる。一方で、海外の貧しい村のような場所では、現地文化に適応することができなくて困難を感じることもあるし、現地人と言語が通じないことでボランティアの人々が不便な思いをする可能性も高い。

AIロボットは、精神的にも肉体的にも疲労することがない。食べることも飲むことも必要なく、休憩や睡眠もなしに延々とボランティア活動ができる。現地文化に適応することができないことも、言語が通じないという問題もない。AIロボットは世界最高水準のボランティア活動専門家のノウハウを完ぺきに習得して、完ぺきなボランティア活動プログラムを作り、それを完全に実行することが可能である。

ただ、共感と創造性が欠けたボランティア活動は、あまり意味がない。第4次産業革命時代だから、AIには持つことができない能力を持たなければならないから、ということではない。**原始時代でも人工知能時代でも、機械的な奉仕はあまり大きな意味を成さないのだ**。

残念なことに、韓国のボランティア文化は「非常に機械的である」という印象をぬぐえない。それは国内でも海外でも同じである。塗装して、掃除をして、練炭を運び、弁当を配達し、配膳し、勉強を教え、壁画を書き、家を建て、学校を建て……そして写真を撮る。このような活動がただ繰り返されている。韓国のボランティア活動を貶めるつもりはない。私は、ボランティア活動をただ一度でもした人は無条件に尊敬するに値すると考えている。ただ、韓国のボランティア文化は、NGOが作ったマニュアルから抜け出せていないような気がしてならない。マニュアルどおりすればいいのなら、人間よりもはるかにAIの方が優れている。ボランティア活動も同じことだ。

私が見るに、韓国のボランティア活動がマニュアル化されたのは、NGOが大型化したためである。本来組織は、大きくなるほどマニュアル的になるものだ。何年か前のことである。国内はもちろん、海外ボランティアまで熱心にしている知人から、韓国の十代の若者3人が、中古の圧力炊飯器を用いてアフリカの飲料水問題を解決するプロジェクトを進めているという話を聞いた(54)。数日後、私はそのうちの1人であるプロジェクト・リーダーに会ってプロジェクトについて教えてもらい(55)、香港とエチオピアを経由してタンザニアに行った。

現場を直接目で見てみると、圧力炊飯器を使った飲料水プロジェクトは、非常に革新的なものだった。台所に土でかまどの穴をふたつ作ったあと、一方の穴に圧力炊飯器を設置し、炊飯器の中に砂と炭で浄水した水を入れてかまどに火を点ける。そしてもう一方の穴に鍋やフライパンを乗せて普段どおりご飯の支度をすれば、炊飯器の中の水が沸いて水蒸気が大量に生成し、これが炊飯器と繋がれた小さな管を通ってバケツに入り、純粋な水になるのだ。この圧力炊飯器を使った飲料水プロジェクトは、設置、使い方、費用、効率などすべての面において素晴らしいものだった。

アフリカのために何ができるだろうか?

いったいこの3人は、どうしてこのように素晴らしいプロジェクトを構想し、実現することができたのだろうか？　彼らは、「アフリカに行ってボランティア活動をしよう！」と考える前に、「**私た**

ちはアフリカのために何ができるだろうか？」という問いを自らに投げかけた。NGOが提示するボランティア活動プログラムを何の考えもなしにやるのではなく、自分の頭脳と心を信じて共感能力と創造的発想力を十分に発揮したのだ。

NGOのボランティア活動プログラムに従うのが悪いという意味ではない。そのボランティア活動プログラムで恩恵を受ける困難な境遇にある人々を思えば、NGOの存在は本当に美しいものである。そして、文化人類学的旅行の達人ならばいざ知らず、現実的にボランティア活動の初心者は、NGOの助けを借りなければならないのも事実だ。海外のボランティア現場では常に事故が起きる危険性があり、このような場合、NGOのマニュアルは大きな役に立つだろう。実際に3人の若者も、NGOで働く実務者が作ったチームに属してプロジェクトを進行している。もしそうでなかったら、圧力炊飯器の飲料水プロジェクトをアフリカの現地で実現することは、不可能に近かったはずだ。それを踏まえて私はこのように助言したい。

「NGOと共に活動しよう。ただし、従属しないこと。あなたの頭脳と心に、創造的自由を許しなさい。新しい目でボランティア活動を眺めよう。マニュアル中心のボランティア活動プログラムに、革新を起こそう。もちろん、容易なことではないかもしれない。NGOという組織の壁にぶつかることもあるだろう。ただ、これだけは覚えておこう。その壁にぶつかったということ自体が、あなたが創造的革新を行っているという証拠であることを。そして理解しよう。壁は、壁を立てた人々、つまりいままでしてきた方式が最善と信じている人々を共感させるとき、消えるということを」。

人間を人間らしくするもの

人工知能時代には、寄付と奉仕が重要である。寄付と奉仕は、人間が直面する倫理・道徳問題の解決策と言っても過言ではない。人工知能時代には「人権」が、倫理・道徳問題の核心となるはずだ。**人工知能文明が必然的に引き起こす人間疎外の問題は、人権の観点から接近するときにだけ解決策が見える**。これは、人工知能時代には「人権問題に関する知識をどのくらい持っているか」と「人権問題を解決する能力をどのくらい身に付けているか」が大きな競争力になりうるということである。これについてよくわかっている先進国は、政府と企業と学校が協力して人権教育を強化している。

人権問題に関する知識と解決能力は、社会的に弱い立場の人たちの人権問題に目を向けたとき、最も効率的に鍛えることができる。社会的に弱い立場の人たちの代表的な存在は誰だろうか？　難民だ。それでは、難民の中でも最も劣悪な位置に置かれた存在は？　大韓民国憲法が韓国民と規定している脱北者たちだ。

私たちにとっては「脱北者」だが、世界的な観点から見れば難民である彼らは、中国だけでも約30万人近くいる(56)。その80〜90％は女性で、脱北するやいなや人身売買にあって奥地に売られるといった痛みを抱えている。中にはこんなことを言う人もいる。「それならなぜ、北朝鮮を脱出したのか？　生まれた場所にそのままいればいいのに、なぜ敢えて脱北をしてそんな惨めな生き方をするのか？」。理由は簡単である。飢え死にするからだ！　中国に行けば糊口をしのげるから、脱北したのである。つまり私たちが咎めなければならない対象は体制側であって、北朝鮮の国民ではない。

残念なことに、中国は北朝鮮難民を難民と認めていない。そのため、彼らは随時脱北者を探し出して強制的に送り返している。もし脱北者が強制送還されたなら、どうなるかご存知だろうか？　YouTubeで「政治犯収容所」と検索してみるといい。

私たちは、北朝鮮難民に対して国民的次元で関心を傾けなければならないのだ。AIに置き換えられない自己を育てるという次元の話ではない。AIに置き換えられない自己を育てるプロジェクトの核心は、人間らしい人間になることである。どうしたら人間らしい人間になれるのだろうか？　AIに置き換えられない人間固有の能力を持つために、何をすればいいのだろうか？　中途半端な能力を身に付けても仕方がない。高い次元の能力は、AIとの競争で勝たなければならないという考え自体を超越するとき、すなわち自分の中の人間性そのものに集中するとき、そして自分だけを知る人間から「君」と「私たち」を知る人間に成長するときに得られるのだ。「君」と「私たち」を知ることの核心は、社会の底で苦しんでいる人々に関心を持ち、彼らのために生きることである。

もちろん、聖人になれと言っているわけではない。**自分たちの暮らしの一部分に、寄付・奉仕・人権が存在すればそれでいい**。仮にそれが自分の人生の1%に過ぎなくても、私は確信できる。その1%が、利己心でいっぱいな自分の暗い内面を明るく灯す小さな燈火になるはずだと。

人間を人間らしくするものの中で最上位にあるものは何だろうか？それは、寄付、奉仕、人権だ。もし人類社会にこの3つがなければ、弱肉強食の原則が支配する動物の世界のようになるだろう。私は折に触れてこんなことを考えたりもした。

「**もしかすると人工知能は、これ以上機械のように暮らしたくない、人間らしく暮らしたいという人類の久しい願いに応答してやってきたのではないだろうか？**」。

人工知能は私たちにこんな言葉を投げかけている。

「いまのように“私”しか知らない人生を生きて、機械に置き換えられるのだろうか？　それとも、“君”と“私たち”まで知った人生を生きて、機械の支配者になるのだろうか？」。

どうか、あなたが後者になることを願う。

COLUMN

コンピューターの元祖は、27歳の女性

現代的概念としての人工知能は、エイダ・ラブレスから始まる。それは1842年のことだった(57)。このときたった27歳だった彼女が、『Observations on Mr. Babbage's Analytical Engine（「チャールズ・バベッジの解析機関に関する考察」）』という本で現代的意味における人工知能の可能性に初めて言及したのだ。

参考として付け加えれば、エイダ・ラブレスはC、C++、C#、JAVA、PHPなど、現在私たちが使っているほとんどすべてのコンピューター・プログラミング言語の基礎概念を作った最初のコンピューター・プログラマーであり、彼女が言及したチャールズ・バベッジは機械式コンピューターの元祖である「解析機関」の考案者だ(58)。

彼女は「チャールズ・バベッジの解析機関に関する考察」で、機械が人間のように思考する可能性があると主張したが、すぐに機械は人間の命令を遂行するだけだと限界に言及したため、のちに人工知能の父と呼ばれるアラン・チューリングから反論された(59)。これだけ見れば、彼女は人工知能の可能性に言及したというよりはむしろ人工知能の可能性を否定した人物と考えた方がよさそうだ。

しかし多くの専門家は、彼女が人工知能どころか機械式コンピューターが発明される前に、今日のAIプログラムを作る際に用いられる「IF文」を論拠に人工知能の可能性に言及したという点で、評価している。そして彼女を現代的意味における人工知能について言及した最初の人物とも考えている。

エイダ・ラブレスの「チャールズ・バベッジの解析機関に関する考察」

が発行されてから約100年間は、哲学・数学分野でコンピューターと人工知能の歴史が続いた(60)。

しかし彼女の功績はこんにち、意外なほど知られていない。

Part 2

180年前から始まっていた
AIと人間の歴史

シリコンバレーとハーバードの素早い動き

ここまで、AIに置き換わらないような人間になるための思考法を示してきた。ここからは、Part1で挙げた8つの思考法に説得性を持たせるべく、私たちとAIがどのように付き合ってきたかをふり返ってみたい。

まずは、インターネットで2006年のニュースを検索してみよう。すると、次のような記事が目にとまる。

「北朝鮮核実験開始」
「ノ・ムヒョン大統領、年内に戦時作戦統制権返還を終える予定」
「ノ大統領、“不動産問題解決に全力を注ぐつもり”」
「監査院、『海の話』などの射幸性の高いゲームの監査推進」

一方で同じ年、他国で起こっていたのは次のようなことだった。カナダのトロント大学教授ジェフリー・ヒントンが、ディープ・ラーニング（Deep Learning）をテーマにした論文を発表した。AIが自ら学習して判断し、推論することができるということを、理論的に証明した論文である。

しかし、当時の韓国では、このような論文が発表されたことさえ知られていなかった。仮に知ったとしても、「日々の暮らしで精一杯なのに、なにが人工知能だ。SF映画じゃあるまいし」くらいの反応だっただろう。

一方、レイ・カーツワイル、ピーター・ディアマンディスのようなシリコンバレーの天才や、NASA、Googleなどの最先端技術を扱う集団は、この論文が発表されるやいなや、素早い動きを見せた。

彼らはもうすぐ人工知能の時代が来ることを、いや、人工知能が人類の新しい文明になることを直感したのだ。

それから約10年後の2016年3月、韓国はジェフリー・ヒントン教授のディープ・ラーニング技術を搭載したAIを、全国民的な衝撃とともに迎えた。「アルファ碁」の登場である。

そしてシリコンバレーの上位1%が動いた

リチャード・ワトソンは、アルビン・トフラー、ダニエル・ピンクとともに未来予測に長けた人物である。彼は著書『Digital vs Human』で、ファーストクラスよりも上の最上級の座席で移動する人々に関する興味深い話を披露している。

彼によれば、空港で最上級のクラスのラウンジを利用する人々は、スマートフォンやノートパソコンを持ってせわしなく働くビジネスクラスやファーストクラスのラウンジの人々と違い、静かに読書をするか、大きな窓の外を眺めて思索にふけっているらしい。つまり、ビジネスクラスやファーストクラスの利用者が「機械」のように休まずに「仕事」をしているのに対し、最上級の人々は「人間」らしく読書や思索、省察をしながら絶えず「学習」しているというのだ。

その上で、あらためて私が強調したいのは次の3つだ。

・いま機械のように働いている人々は、今後優れた機械であるAIに置き換えられるであろう。
・人間固有の活動である「読書」、「思索」、「省察」などを通して自己を刷新していく人々は、AIに置き換えられることはなく、AIに指示を下す存在になるにちがいない。
・ファーストクラスより上のクラスの座席を利用するほどの人なら、国籍がどこであれ、支配階級に属するはずである。彼らはいまこの瞬間にも「AIに置き換えられない（AIに負けない）AIの支配者になる自分」になるため、絶えまなく学習している。

ジェフリー・ヒントンがディープ・ラーニングに関する論文を発表するとすぐに、米国、いや、全世界の支配階級に属するシリコンバレーの上位1%が動いた。先に述べたように、彼らは遠からず新しい人類文明の時代が始まることを見抜き、その時代のリーダーになりたければ新しい教育が必要であると悟ったのだ。そして彼らは、2008年に新しい教育機関を設立した。その名も「シンギュラリティ大学（Singularity University）」である。

人工知能といえば、2016年に披露されたアルファ碁。こんなふうにしか思い浮かばない人にとっては、2006年から2008年までに西洋で人工知能時代における何らかの転換点が生じたという私の主張は、聞きなれないものかもしれない。しかし、トーマス・フリードマンを始めとした多くの西洋知識人が、人類は2006年から2008年の間に新しい時代に突入したと規定している。そしてこの新しい時代の特徴である**“幾何級数的成長”が、人工知能技術をすさまじい速さで発達させており、「最終的に人類への大きな脅威となりうる」と警告している**。

「シンギュラリティ大学」の教育目標

かつて私は、韓国の知識人や政治家、財閥三世などの数人にこんな質問を投げかけたことがある。

「今後、AIは大卒の事務職はもちろん、企業のCEOに至るまで、ほとんどすべての職業に取って代わるようになるでしょう。いや、もうそうなりはじめていますよね。このような時代に最も重要になるのは教育です。“AIに置き換えられない人間”、さらに一歩進んで“AIの支配者になる人間”を育てる教育をしている場所を知っています。アメリカにあるんですよ。飛行機に乗って勉強しに行ってみますか？　授業料は300万円と少し高いですが。教育期間は約10週間です」。

そのうち何人かは困った様子を見せ、何人かはありえない話をするなと苛立ち、何人かは腹を立てた。たったひとり、違う反応を見せた彼はまじめな顔でこう言った。

「先生、人工知能の第四次産業革命なんて話はありえないですよ。そんなものがあれば世の中はもう変わっているでしょう。当社でもAIを使っていますが、これが本当に馬鹿みたいなものなんです。AIが人間の代わりをする？　そんなのは全部お調子者のでまかせです。それから先生、私が断言します。AIが人間に取って代わるなんていうのは、せいぜい私たちが死んだ後、50年先かそれくらいに起こることです」。

アルファ碁がイ・セドル棋士に勝ってから3年が経ち、YouTubeでAIロボットがパルクール（壁や屋根などを利用し、走る・跳ぶ・登るなどのアクロバット動作を行うスポーツ）に続き宙返りまでする様子が簡単に見られるようになった。Amazonを始めとした世界的な企業の労働者がAIのせいで大量解雇され、米国とヨーロッパの先進国が国家システム全体を人工知能中心に変化させ、AI牧師はもちろんAI僧侶まであらわれて信徒から大いに人気を集めている近年でさえ、プライベートで人工知能の話を真剣にすると少し変わり者扱いされる韓国である。万が一11年前の2008年に、「人類の支配階級がAIに置き換えられないように人工知能時代の支配者を育成する大学が出来たのだが、入学試験を受けに行ってみないか」と知人に勧めたなら、おそらく私は変人扱いされただろう。

ともかく2008年、シリコンバレーの上位1％がGoogleとNASAの資金支援を受けて人工知能時代の支配者を育成する大学を設立した。その結果は驚くべきものだった。**最初の入学生を40人選考するとしたところ、13ヶ国で1万2,000人余りもの志願者が集まって**

きた。つまり、2008年にはすでに世界で1万2,000人もの人が人工知能時代に合った新しい教育を受けるために、300万円以上を支出する準備ができていたのである。

もちろんシンギュラリティ大学側は、「私たちは人工知能時代の支配者を育成している」とは言わない。彼らは次のように話している。

「私たちは10億人の人類に影響を与えることができる能力を持った人材を育てる教育をしている」。

この大学の設立者が言うシンギュラリティ、すなわち「特異点」という「人類のすべての知能を合わせたものよりもさらに高い知能を持ったAIが出現する時点」は2045年だという。つまりシンギュラリティ大学は、2045年に人類を支配することができる能力を持ったAIが誕生することを前提として創立されたわけだ。

国際連合によると、世界人口は2050年ごろに100億人を突破すると予測されているので、人工知能は特異点以降に100億人を支配することになるだろう。ところで、**シンギュラリティ大学は10億人に影響を与えることができる人材を育てることを目的としている**。つまり全人類よりも優れた人工知能を支配することができる能力を持った人を育てることを目的としている。そしてその人だけが、特異点以降に10億人の人類に影響を及ぼすことができるのだ。

もちろん、シンギュラリティ大学の教育を受けた人々が人工知能時代の支配者になるという保障もなければ、シンギュラリティ大学の教育課程が人工知能時代の支配者を育てるのに最適化された教育課程であるという保障もない。しかしシンギュラリティ大学が、その名のとおり特異点以降の時代に備える教育をしているということは事実であり、全世界のエリートが新しい時代のリーダーを夢見てシンギュラリティ大学に押し寄せているということもまた事実である。

日本はなぜ教育革命を断行したのか

2013年6月、日本は約150年ぶりの教育革命を断行した。主要な内容は、2020年までに入試教育を廃止、公教育に国際バカロレア(International Baccalaureate)を取り入れるということである(1)。通常IBと呼ばれる国際バカロレアは、スイスから始まった教育課程であり、本を読んで討論し、文章を書くことを中心に据えている。もちろんここで言う本とは、教科書や参考書ではない。私たちが読書の対象とする「本」を意味する。

日本が追究する教育革命の具体的な姿は、AI教育革命のモデル・スクールとして広く知られる札幌開成中等教育学校を見ればわかるだろう。この学校の体育教育過程のうち、「創作ダンス」の授業を例に挙げよう(2)。この授業では、ダンスの創作以上に討論と小論文が重要視されている。実際に、運動ができなくても、生徒が自分の考えを文章にうまくまとめることができれば良い点数をもらうことができるという。「創作ダンス」の授業では、生徒たちに討論させた後、32段階で構成される起承転結の小論文を書かせ、次のような9つの質問項目に答えさせる(3)。

1. さまざまな方法で物事を鑑賞して感じた美しさを、身振りと空間を活用して表現することにはどのような意味があるのかについて述べなさい。
2. 美しさとは何かについて述べなさい。
3. 特定のダンス動作によって美しさを表現することが可能かどうかについて述べなさい。
4. 表現活動が人に及ぼす影響について述べなさい。
5. 個人的・文化的表現とは何を意味するのかについて述べなさい。
6.「関係」とはどのような意味を持つのかについて自分の考えを述

べなさい。

7.「順応」、「動作」とはどのような意味を持つのかについて述べなさい。

8. 創作ダンス授業に参加した感想を述べなさい。

9. ダンス企画から発表会までその手続きを記述し、グループ学習を通して感じたことについて述べなさい。

大学の哲学の授業ではない。韓国の中学・高校に相当する日本の中等教育学校の体育授業である。詰めこみ式教育に代表される入試教育を定着させた元凶である日本が、なぜ急に西洋のバカロレアを取り入れたのだろうか？

それは、ひとえに既存の詰めこみ式教育では、人工知能に代表される第四次産業革命時代に生き延びることができないからだ。個人、企業はもちろん、国家自体が後進国に落ちる危険性があるためである。

イーロン・マスクはなぜ自分の子どもを中退させたのか

2014年のことである。映画『アイアンマン』のモデルであり、電気自動車製造業社テスラ・モーターズと民間宇宙探査業者「スペースX」の創業者であるイーロン・マスクが、自分の子どもたちを中退させた。学校では、人工知能時代に合った教育を受けられないというのがその理由だ。ところで、イーロン・マスクの子どもたちが通っていた学校はシリコンバレーで最上級に質の高い未来型の私学で、「AIに置き換えられない人間」を育てる教育をしている学校だった。にもかかわらず、イーロン・マスクはなぜ子どもたちを中退させたのだろうか？　コンピューター産業の時代にビル・ゲイツ、スティーブ・ジョブズのような億万長者（billionaire）が誕生したように、今後、人工知能時代が本格的に幕を開ければ兆万長者（trillionaire）が誕生するだろう。しかし、シリコンバレーの学校では人工知能を指揮する水準の教育をしているだけで、人工知能産業の第一人者になる教育、すなわち兆万長者になる方法は学べない。イーロン・マスクはそう判断した。

いまは億万長者が富豪とされる時代だ。その特徴は、**全世界の富の50%以上を世界の上位1%の富裕層が独占しているということである**(4)。兆万長者、すなわち億万長者より1,000倍も多くの財産を持った人が誕生する時代が来ればどうなるだろう？　はっきりしたことはわからないが、世界の上位1%の金持ちが全世界の富の90%以上を独占することになるかもしれない。

現代の人類最高の金持ちよりも1,000倍も多くの財産を有する人々が現れるということは、大多数の人類の財産が彼らに吸収されるということを意味する。金融専門家は、今後20年の内に兆万長者が誕生すると予測している。つまり、20年以内に大多数の人類が兆万長者に財産を合法的に奪われ、貧民または難民水準の生活をするようになるのだ。

イーロン・マスクは5人の子どもたちを中退させて、自身が創立した私学、アド・アストラ（Ad Astra）に入学させた。この学校でどのような教育をしているのかについてはPart1で述べた。

シンギュラリティ大学の教育目標、ハーバードのような世界最高峰の大学の講義廃止、イーロン・マスクのアド・アストラ校の話を通じて、次の4つの推論が立てられる。

1. AIに置き換えられず、AIを指揮する側になる教育を受けた人は、AIの支配者になることができる。
2. 特異点（シンギュラリティ）以降のAIを支配することができる教育を受けた人は、10億人に影響を及ぼす存在になることができる。
3. 人工知能時代に兆万長者になる教育を受けた人は、人類最初の兆万長者になることができる。
4. 何の教育も受けない人は、今後20年以内にAIの奴隷となり、すべての財産を合法的に奪われ、難民レベルの暮らしをすることになる可能性がある。

さぁ、あなたならどうする？

新しい時代に合うように自己変革を行い、AIを指揮する存在になるのか、それともいまのまま生きてAIの奴隷になるのか。

AIは20年前に人間に勝利している

いまから約20年前の1997年5月11日、米国ニューヨークで起きた出来事。この日、AIのディープ・ブルーが、チェスの神と呼ばれたチェスの世界チャンピオン、ガルリ・カスパロフに勝利した。その模様はTVの生中継で放送された。

チェスは人類がいままで作ったゲームのうち、最も独創的で最も直観的な戦略を要するゲームだった。

「知識では説明することができない領域というものがある。対局していると、気づかないうちにその領域に入っている瞬間を経験する。知識を超えた知恵、すなわち直観と発想力が爆発する瞬間である。ゲームの勝利はちょうどそのときに決まる。これは人間特有の領域だ。機械には絶対に到達することができない」。

科学者と人工知能の専門家とコンピューターの専門家は、このように主張した(5)。「いつかはAIが人間に勝つこともできるだろう。しかしいまではない。早くとも50年後、いや100年以上かかる可能性もある。もしかするとそんなことは永遠に起きないかもしれない。このゲームの勝者になるには高度の直観と構想力がなければならないが、AIには単純な反復演算機能しかないからである」。

すでによく知られているように、結果は人間の惨敗、AIは周囲の予想に反して勝利した。メディアは「ライト兄弟による最初の飛行」や「アポロ号の月着陸」に匹敵する事件だと浮かれて報道したが、そのうちに対局を直接観戦した関係者の次のような感想を引用し、人工知能に支配される人類の暗鬱な未来を描くようになった。「単純な機械ではなかった。まるで知能を持った生命体のようで、恐ろしかった」。

第四次産業革命の核心は人工知能である。以下にあらためて、その歩みを簡単に記しておく。

1943年：ウォーレン・マカロックとウォルター・ピッツが「人工神経網」についての論文を発表。当時はまだふたりの論文は理論に過ぎなかったが、ふたりが構想した人口神経網を搭載したAIが、2016年アルファ碁として生まれる(6)。

1950年：「人工知能の父」と呼ばれるアラン・チューリングが「計算機械と知性」（Computing Machinery and Intelligence）という論文で、人工知能判別テストであるチューリング・テストに言及した。

1956年：アレン・ニューウェルとハーバート・サイモンが、最初の人工知能プログラムと呼ばれるロジック・セオリスト（Logic Theorist）を開発。ロジック・セオリストは、20世紀最高の天才に名を連ねるバートランド・ラッセルとアルフレッド・ノース・ホワイトヘッドの共著『数学の原理（Principia Mathematica)』の定理を瞬く間に証明。そのうちのひとつの定理については、ふたりの天才よりもさらに美しい証明をしたという。その年の夏、ダートマス大学で人工知能学会が開かれ、人工知能が科学の一分野として初めて確立された。

1957年：フランク・ローゼンブラットが人工神経網を搭載したAIコンピューター、パーセプトロン（Perceptron）を開発。たった三層構造から成る単純な神経回路網だったが、人間の脳に類似した人工神経網をいくらでも実現できることを示した[7]。

1959年：マーヴィン・ミンスキーがMITに最初の人工知能研究所を設立。以後、カーネギーメロン大学とプリンストン大学、エディンバラ大学などに人工知能研究所が設立される。

1963年：アメリカ国防総省の傘下機関である国防高等研究計画局が「人口知能プロジェクト」を開始[8]。国防高等研究計画局は同時に「音声認識プロジェクト」も始め、その後、iPhoneに搭載されたAI機能、Siriの概念と技術が開発された[9]。

1966年：ジョセフ・ワイゼンバウムが、人間との対話はもちろん心理相談まで可能なAIチャット・プログラム、イライザ（Eliza）を開発。イライザと話したMIT役職員は、イライザを精神科医と勘違いして自分のあらゆる秘密を打ち明けたが、後にAIプログラムであるという事実を知って怒ったという。数年後、ワイゼンバウムは『コンピュータ・パワー――人工知能と人間の理性（Computer Power and Human Reason―1979年刊、サイマル出版会)』を出版し、人工知能が人類に脅威になりうると主張。

1997年5月：ディープ・ブルーがチェスで人類最高の名手に勝利する。

およそ50年かけて人工知能について構想され、研究された末、知能の一領域に限ったこととはいえ、人間を超えるAI、ディープ・ブルーが開発された。要するに、西洋は長期にわたって人工知能文明を想像し、準備し、また実際に作りあげてきたというわけだ。

ディープ・ブルー、ワトソン、そしてスーパー・ビジョン

西洋のこのような努力は、2011年から2012年にかけて大きく花開いた。まず2011年について見てみよう。この年、人工知能のワトソン（Watson）が、歴史、哲学、文学、科学、芸術など多様な分野の知識を競うアメリカの有名TVクイズショー「Jeopardy!」に出場した。このとき多くの専門家が、「Jeopardy!」に出場したり、優勝したりした経験を持つ人々の言葉を根拠に、このように言い切った。

「『Jeopardy!』の問題は、単に知識をたくさん持っているからといって解けるものではない。出題者の立場で問題を理解して分析する必要があり、これを土台に既存の知識を独創的に結びつけなくてはならない。それだけではない。ある問題では、参加者の“勘”が大きく影響する。考えるより先に、瞬間的に答えを導き出すことができなければならないのだ。これは人間だけが持つ能力である。機械に過ぎないAIには到達不可能な境地だ」

しかし結果は、ふたりの人間のクイズ・チャンピオンの敗北だった。**ワトソンは「Jeopardy!」で74回も優勝し、「知識の守護者」ことケン・ジェニングスと、「Jeopardy!」史上最高累積賞金記録保持者ブラッド・ラターを軽く退けて勝利した**。

2012年には、人工知能史上最も衝撃的な事件が起こった。1997年のディープ・ブルーと2011年のワトソンは、人間が入力した膨大な資料を学習して人間に勝った。ふたつのAIが人間を超越したとはいえ、それ自体は人間が描いた計画と地図の下に成り立っていたのだ。

ところが、2012年に開かれた世界最大イメージ認識コンテスト「ILSVRC」で優勝したAI、スーパー・ビジョン（Super Vision）は違った[10]。**スーパー・ビジョンは、自ら学習して推論し、判断するディー**

プ・ラーニング技術を搭載していたのだ。

ましてや、人間より優れている知的能力を持ったAIが人間の支配を脱したら、人間はどうなるのだろうか？

AIの支配を受けるほかないだろう。

なぜ韓国で「アルファ碁ショー」が行われたのか

2016年に現れたアルファ碁とは、何だったのか。私たちを人工知能に目覚めさせ、人工知能が人間を超えた新しい人類文明になるだろうという事実を、震撼とともに伝えたアルファ碁とは、いったい何だったのだろうか。

なぜ西洋は、中国でも日本でもない韓国にアルファ碁を送ったのだろうか？　理由は簡単である。**中国と日本は2012年に登場したディープ・ラーニング技術が何を意味するのかよく理解していたからだ**。そしてすぐに中国は国力を人工知能に注ぎはじめ、日本は150年ぶりの教育革命を断行した。すなわち中国と日本は2012年にすでにディープ・ラーニングという黒船を迎えていたのだ。

中国は元々、人工知能においては後れをとっていた。しかし、いまでは世界で人工知能関連の論文を一番多く発表した国となり、米国の次に多くの人工知能関連企業を抱えている。過去20年間に中国で発表された人工知能関連の論文数は37万本で、中国が保有する人工知能企業は1,011社だ。では韓国はどうだろう？　過去20年間に発表した人工知能関連の論文数は5万2,000本、人工知能関連企業は26社である[11]。

飛躍する中国

中国ではディープ・ブルーが勝利した1997年から人工知能関連の論文が、ディープ・ラーニングを搭載したスーパー・ビジョンが優勝した2012年から人工知能関連企業が爆発的に増えはじめた。

現在中国は、国家の総力を挙げて人工知能研究に取り組んでいる。韓国の人工知能の最高権威のひとりである知能情報技術研究院の前院長、現人工知能研究員キム・ジニョンが、メディアのインタビューで次のように語っている[12]。

「中国は人工知能を非常によく理解していると思います。2030年には、世界中で人工知能一色となるでしょう。それを踏まえ、中国政府はすべてを人工知能に注ぎ込むことに決めたのです。その点において私は中国政府を尊敬しています」。

キム・ジニョン前院長の話には続きがある。「私が韓国政府をもどかしく感じるのは、人工知能の価値をよく理解していないという点です。誰もがビットコインやブロックチェーンと同じレベルの話だと思っているのです。ブロックチェーンなどは本当に小さな技術でしかありません。政府の人間の人工知能に対する認識が中国にまったく及んでいません。(…) 韓国は果たして、人工知能についていけるのかと不安にすらなります」[13]。

日本も当初は、中国のように技術的な人工知能を重要視していた。ノーベル賞受賞者を28人も輩出した国ということもあり[14]、1982年には「第5世代コンピューター・プロジェクト」と呼ばれる人工知能開発プロジェクトを国家主導で行った。

日本はこのプロジェクトを10年間進めたが、驚くべきことに彼らは人間のように考えるAIコンピューターを作ることを目標に据え、人工知能で西洋を圧倒しようと考えていた。そして、日本は「自ら考える人工知能」という黒船を西洋に送ろうとしたが、このプロジェクトは惨憺たる結果に終わった。

しかし、彼らは人工知能技術開発をやめなかった。いや、むしろさらに熱心に取り組んだ。その結果、1999年には世界で初めて日本でAIロボットが作られるまでになった[15]。それでも結局、AIの領域において日本は西洋に勝つことができていない。

アルファ碁の話に戻ろう。なぜ西洋は、韓国でアルファ碁ショーをしたのだろうか？　勘のいい読者ならもう答えに気づいているはずだ。それは、中国と日本に続いて、韓国にも人工知能の知識と技術を売りたいからだ。韓国が国家の富を人工知能に注ぎ込めば、鉄道、電気、自動車、船舶、飛行機、コンピューター、スマートフォンのときのように、東南アジア、中央アジア、中東、アフリカなどでも人工知能に投資するようになることが明らかである。

読者の中には気分を害する方もいるかもしれない。私もこういった内容を書いていて気分はよくない。正直なところ、非常に苦痛を感じている。しかし、どうしたらよいだろう。悪口を言われるとしても、作家は事実を書くべきではないか。

もし韓国が眠りから覚めたなら、人工知能時代のエースになれるはずだ。自動車、船舶、半導体と同じように。そんな思いから、ここまで書いてきた。どうか私のこの気持ちが、しっかりと伝わることを願っている。

人類の未来文明は人工知能になるだろう

まだ人工知能をSF小説のように考えている人々は、人工知能が現代文明の基礎であるという私の言葉に同意することができないだろう。しかし、少し勉強するだけでも、人工知能がもう宇宙、航空、ロボット、船舶、自動車、電気、電子、建設、医療、通信、教育、エネルギー、環境、交通、電化製品などほとんどすべての産業分野で活用されていることがわかるはずである[16]。要するに、私たちはもうAIがなければ何もすることができない時代に生きているのだ。

これまでは、AIが人類の良い道具としての役割を忠実に遂行してきた。つまり、人類の脅威となり存在ではなかったのだ。しかし、今後は違う。AIと人類の格差が、人間と動物の格差以上の次元で起こる。もしかすると、人間と昆虫ほどの格差が生じることもあるかもしれない。

薄気味悪い事実でもあるが、遅くとも10年後には、AIが人類を超越しはじめるだろう。そして人類の歴史は、人工知能が主導する新しい文明の時代に突入していく。

ただ、AIがすべての面で人類を超越するわけではない。AIが我々を超えていくのは主に、知識や情報、技術分野のことだと思ってよい。

これは、知識・情報・技術より優位にある、共感能力と創造的な発想力を持った人々は、AIより優位に立つことになるということを意味している。彼らが新しい文明時代に享受する豊かさと繁栄は、これまで歴史上、人類が一度も経験できなかったものになるだろう。

いまあなたは、どのような道に進もうとしているのか。豊かさと繁栄の道か、それともその反対か。どうか、あなたが豊かさと繁栄の道を進んでいることを願う。

このパートを、ビル・ゲイツの言葉で締めくくりたい。

ディープ・ブルーの勝利から約1ヵ月経った1997年6月、ビル・ゲイツが韓国を訪問し、次のように言った。

「人類の未来文明は、人工知能になるだろう。私がもしまた学生に戻れば、真っ先に人工知能の勉強をする」。

ビル・ゲイツ訪問と彼の人工知能に関する発言は、メディアで大々的に紹介された。しかし、当時は誰もビル・ゲイツのことばを聞き入れなかった。そしてしばらくして、アジア通貨危機が起こった。1997年に起こったアジア通貨危機である。韓国は主要企業の倒産、株価の大暴落などを経てIMF（国際通貨基金）に救済を求めたのだった。

COLUMN

ディープ・ブルーと5人の天才

多くの資料から推察するに、ディープ・ブルーは次の5人に多大な影響を及ぼしたと言える。

ひとり目はビル・ゲイツ。彼はディープ・ブルーの勝利を目撃した後、人工知能伝道師として生まれ変わった(17)。ビル・ゲイツがアイビーリーグを始めとする米国全域の大学を巡りながら「人類の未来文明は人工知能になるだろう。もし私が大学生なら、他の何よりも人工知能の勉強をする」と熱弁をふるいはじめたのもこの時期である。彼の講義を聞いた多くの人が、シリコンバレーへ向かった。

ふたり目と3人目は、セルゲイ・ブリンとラリー・ペイジ。スタンフォード大学の大学院で人工知能の勉強をしていたふたりにとって、ディープ・ブルーの勝利がどのような意味をもったのか想像してみるとよいだろう。自分たちが人工知能について勉強している間に、誰かが人間に勝る能力を持つ人工知能を作ったのだ。ふたりは1998年、ディープ・ブルーのようにある領域でのみ人間を上回るような不完全な人工知能ではなく、すべての面で人間を圧倒する真の意味での人工知能を作って世の中を変えようと、Googleを創業した。

4人目はスティーブ・ジョブズ。彼は、ディープ・ブルーの勝利から数ヵ月後にアップルに復帰した。そして天才的な経営感覚を発揮し、アップルを世界のトップへ押し上げていく。彼はアップルのすべての力を人工知能に注ぎ込んだ。これを見れば彼が、ディープ・ブルーの勝利に刺激を受け人工知能領域に本格的に足を踏み入れたことは明確であろう(18)。

5人目はマーク・ザッカーバーグ。当時、彼はコンピューターに夢中な中学生だった。高校生でAIミュージック・プレイヤーを作った(19)ザッカーバーグも他の多くの人工知能専門家と同様、ディープ・ブルーに出会ったことで人工知能の世界に入ったのだと考えてよいだろう。

ビル・ゲイツが創業したマイクロソフト、セルゲイ・ブリンとラリー・ペイジが創業したGoogle、スティーブ・ジョブズが創業したアップル、マーク・ザッカーバーグが創業したFacebookの共通点は、有望な人工知能スタートアップ企業と人工知能分野の最高人材をブラックホールのように吸い寄せているということである。

これらのすべてのはじまりが1997年5月11日と言える。まさにこのときから、西洋は人工知能を未来の人類文明にするために全力を尽くしはじめたと言っても過言ではないだろう。18世紀後半、第一次産業革命が起こり、新しい文明の時代が開かれたように。

Part

3

10年後、
あなたの居場所はない—
AIに指示を下す人
VS指示を受ける人

いまこの瞬間にも、あなたの働き口は奪われていく

国家を率いるのは誰か。政治、経済、行政、文化、教育、国防など、各分野で政策を立案し執行する人々を考えてみてほしい。彼らは、学生時代に勉強に没頭し、試験で高得点を取ってきたという共通点を持っている。すなわち国家は、知識の達人が率いていくと言える。

社会はどうだろうか？　企業、学校、教育庁（韓国の行政府から委任される、教育・学芸に関する地方行政機関)、裁判所、病院、薬局、市役所、区役所など各領域で働く人々を考えてみよう。彼らもやはり、優秀な学生時代を送ってきた人々だ。つまり社会を率いるのも、知識の達人なのだ。

親が子どもに切実に望むものは何だろう？　勉強ができること、すなわち他の子より多くの知識を身につけることである。そうすれば名門大学に入学し、社会的・経済的に安定した職に就けるからだ。そしてその社会的・経済的基盤を足掛かりとして、自分の子が出世していくことをどの親も望んでいる。

このように見てみると、勉強や知識は国家と社会にとってはもちろん、家庭の中心であるともいえるだろう。しかし中には、こんなふうにいう人もいるかもしれない。

「国家と社会はともかく、家庭の中心が勉強だなんて。家庭の中心は子どもじゃないのか！」

確かにそうだ。私もそう思う。韓国は、小学生の不幸指数が世界で最も高く、中高生の自殺率が世界で最も高い。その理由は、親た

ちの過度な期待のせいである。だから私は、家庭の中心は勉強だと述べたのだ。もちろん、これは一日も早く変えていかなければならない。私は韓国の教育の中心が、“大人の欲”ではなく“子どもの幸せ”になってほしいと願っている。

「勉強」が消える社会

勉強が国家と社会、家庭の中心を占めているということは、すでに述べたとおりだ。もし、いま私たちが考えるような勉強が現在の力を失うことになったら……つまり**試験成績が良いという理由ひとつで社会的に認められたり、経済的に安定した職業に就いたりすることができなくなったらどうなるだろうか？**　いまの韓国の社会システムは崩壊するはずだ。では、家庭はどうなるだろう？　束の間の幸せが訪れるかもしれない。なんといっても、子どもたちを苦しめる勉強が消えるのだから。しかし、ほどなくして社会システムの崩壊による被害を直接的に受けることになるのも、ほかならない子どもたちなのだ。

私が急に勉強の話を持ち出した理由は、今後、我々は「勉強」が消えた世の中で暮らさなければならなくなる可能性が非常に高いからだ。世界の支配階級は、このことをよく理解している。だから彼らはいま、勉強が消えた世界にむけた準備をしている。

優秀な人材は資本に集まる

古代から現在に至るまで、人類に最も強力な影響を及ぼしたものは資本である。人類の歴史で繰り返されたすべての国家の誕生と滅亡の裏には、資本の存在がある。

資本の主人になった人々は、たいていは人類にとって有害な人生を送るが、ときに偶然、人類の歴史を新しい方向へ導くこともある。その代表がルネサンスだ。ルネサンスを起こした天才の背後には、当時ヨーロッパの富を握っていたメディチ家の資本があった。

今日、世界の富を握っている所といえば、米国のウォール・ストリートだ。ウォール・ストリートの資本はずいぶん前から科学技術、特に人工知能技術のルネサンスを進めてきたシリコンバレーのIT企業に投資されている。もちろん、ウォール・ストリートの資本家たちは、中世ヨーロッパのメディチ家ほどの品格は備えていないだろうが、彼らは金儲けのために前々からシリコンバレーに投資してきた。

巨大な資本がある所には、その時代の優れた人々が集まってくる。フィレンツェのメディチ家の周辺に、ミケランジェロやレオナルド・ダヴィンチのような当時のヨーロッパの天才が集まったのと同じように、ウォール・ストリートにも世界で優れた人材が集まってくる。とくにアイビーリーグの優秀な学生たちが卒業後、情熱を燃やしてやってくるのだ。

アイビーリーグのエリートたちがウォール・ストリートに向かう理由は、お金のためだけではない。世界の金融の中心地にいれば、世の“流れ”というものを見ることができる。事業の流れや技術の流れだ。世界の富豪第1位に躍り出たこともあるジェフ・ベゾスは、プリンストン大学を卒業しウォール・ストリートで働いた後、アマゾンを創業した。彼もウォール・ストリートでそんな“流れ”を見たのかもしれない。

話が長くなりすぎてしまった。ここまでの話はすべて、次の一文を書くための前置きである。

「**ウォール・ストリートは、世界で最も勉強ができる人々、特にアイビーリーグで優秀な成績を上げたエリートで溢れている**」。

トレーダー598人を解雇に追い込んだAI・Kensho

すでに少しだけ紹介したが、ウォール・ストリートで起きたひとつの事件がある。AIのスーパー・ビジョンが、世界最大のイメージ認識コンテストで圧倒的な勝利をおさめた事件が起きてから、約1年後の2013年のことだ。ダニエル・ナドラーという青年が、Kensho Technologiesという人工知能のスタートアップ企業を設立した。この会社は、ディープ・ラーニング技術を搭載したAIを実用化させるという目標を持っていた。つまり、人間よりも優秀なAIを作って人間に置き換えるというわけだ。

役員と社員を合わせて50人しかいないKensho Technologies（以下Kensho）が、どうやってウォール・ストリートの“士官学校”と呼ばれ、心臓部である最大金融投資企業、ゴールドマン・サックスの目に留まったのかはよくわからない。ともかくゴールドマン・サックスは、ダニエル・ナドラーのKenshoに全面的な投資を決めた。それからしばらくして、KenshoのAIがゴールドマン・サックのスニューヨーク本社に導入されたのである。

新入社員KenshoのAIは、食べたり飲んだりしないし、休憩もしない。退勤もしなければ睡眠や休暇もとらず、ひたすら仕事をしていた。それも毎日、24時間、天才的な集中力を発揮した。顧客に不親切だということもなければ、同僚と争いごとを起こすこともないし、上司に不平を言うこともない。「この仕事は自分に合っているんだろうか」とか「仕事と幸せ、どちらを優先するべきか」といった悩みもなく、給料の不満はもちろんのこと出世欲も一切ない。社内恋愛で問題を起こすこともなかった。

KenshoのAIは、まるで中世ヨーロッパの修道僧が俗世との縁を切ってひたすら祈祷と黙想に専念するかのように、美しく、クリーンに、実直に仕事に打ち込んだ。その結果、**KenshoのAIは当時ウォール・ストリートで最高給を得ていた600人のトレーダーが1ヵ月近くかけて処理していたことを、たった3時間20分で終えてしまった**(1)。しかも、彼らの何倍も効率よく仕事をこなし、会社に莫大な利益を与えた。

おかげで598人のトレーダーは仕事がなくなり、荷物をまとめて家に帰らされる羽目になった。では、残る2人はどうして解雇を免れたのだろうか？　AIより仕事ができるからだろうか？　そうではない。AIの業務を補佐する人員が必要だったからである。残った2人はAIの指示を受ける立場に降格したのだ。

AIが天才たちの仕事を奪い始めた

Kenshoの威力を経験したウォール・ストリートの投資会社はゴールドマン・サックスに倣い、AIを会社に取り入れ、社員を解雇しはじめた。ゴールドマン・サックスも2015年に「私たちはもう金融投資企業ではない。人工知能企業である」(2) と宣言した。あらゆる企業が会社のアイデンティティを「金融投資」から「人工知能」に変えていったのだ。そしていま、**ウォール・ストリートでは人間がしていた仕事の約90%程度をAIがしている**。残りの10%も、AIに少しずつ置き換わっていくだろう。

年収数億円のモルガン・スタンレーのアナリスト15人が1ヵ月ほどかけて取り組んできた仕事を、KenshoのAIが5分で処理したのが2013年。その翌年、Kenshoはゴールドマン・サックスに正式に導入された (3)。AIがウォール・ストリートの人間を支配するようになったのも、このころからである。それも、アイビーリーグを優秀な成績で卒業した、天才と呼ばれるような人間たちを。

この事件はウォール・ストリートに限ったことだ、という人もいるかもしれない。しかしそうではない。一度考えてみよう。あなたは朝起きて天気や気温を確認するとき、スマートフォンを見るだろうか、それとも人に訊くだろうか。知らない場所を運転するときはどうだろう。おそらくどちらの場合もスマートフォンを選択するはずだ。人に頼るよりも、スマートフォンに頼ることの方が多いに違いない。すなわち、あなたは自分でも気づかずにスマートフォンに従属しているといえる。

すでにあらゆる場所で、AIが人間に取って代わり、職場から人間を追い出している。職場に残ることができても、人間はAIに従属しなくてはならない。それは、『ターミネーター』のようなSF映画に出てくる類の支配とは違う。私のいう支配とは、人間が会社で自分より遥かに優れた業務処理能力を持っているAIを認めて、一緒に働くという意味だ。

いままでは学歴の高さが価値の高さだった

第1次・第2次・第3次産業革命の特徴は、新しい働き口が爆発的に増えたということである。とくに学歴の高い人々の価値が上がったという点では共通している。第3次産業革命、別名コンピューター革命が創出した無数の働き口と、有名IT企業役員の天文学的な年収を考えてみれば容易にわかるだろう。

しかし、第4次産業革命は既存の産業革命とは反対の道に向かっている。人工知能に代表されるこの革命は既存の働き口を減少させ、ウォール・ストリートの事例でわかるように学歴が必要なくなる社会が構築されつつある。

前にも述べたが、韓国のシステムは学歴を基盤に作られている。だからこそ、学生は誰もが熱心に勉強し、社会的・経済的に安定した職業に就くため、医師、薬剤師、判事、検事、弁護士、税理士、会計士、教師、公務員、大企業の社員などになろうと地獄のような競争を繰り広げているのだ。

未来における社会で、人が人の病気を治すことも、人が人を裁くことも、人が人に何かを教えることも、すべてが人工知能に取って代わられるのであるとしたら、私たちはどうすればよいのか。現に西洋では、数年前から一部の知識人やIT企業のCEOを中心に、次のような主張が支持を得ている。

「交通事故の90%は、人間の不注意で起きる。これによって社会が支払わなければならない対価は莫大である。交通事故の被害者とその家族が受ける精神的・肉体的・物質的被害はいうまでもない。一方でAIは人間とは違い、信号を見誤ることも、危険な割りこみをすることも、速度超過や逆走行をすることも、居眠り運転や飲酒運転をすることもない。AIは人間とは比較にならないほどに安全に運転することができるのだ。それも毎日、24時間変わらずに。実際に、Googleの自動運転車はすでに、330万キロメートル無事故走行を記録している(4)。この先、現在の不完全な自動運転車を超える真の意味での自動運転車が実用化されれば、人間による自動車の運転は法で禁止するべきである。自動車の運転はAIだけに任せる。そうすれば交通事故発生率が0%になり、道路上のすべての人間が完全な安全を保障されるだろう」。

今後、AIによるさまざまな業種の置き換えが本格的に始まれば、先の自動車運転における論理がこれらの職業にそのまま代入される可能性が高い。もしこの可能性が現実化されれば、人間がこれらの職業に就くことが不可能となるおそれもある。個人的な意見を言うなら、私は医療・製薬・法律・教育などの仕事が完全にAIに取って代わられることはないと考えている。

名医を上回るがん診断率

2011年、AIワトソンが米国の有名なクイズ番組『Jeopardy!』に出演し、ふたりのチャンピオンを相手に圧勝をおさめた。このAIがいつから医学の勉強を始めたのかはよく知らないが(5)、最近知られたところによれば、ワトソンは何年もかけて次のような学習をしたらしい。

・8,500カ所以上の医療機関が蓄積した医療情報
・120万本以上の医学論文
・400万以上の製薬特許
・1億人以上の患者情報
・2億人以上の生体情報
・300億枚以上の医療レントゲン、CT、MRIのファイル

AI医師ワトソンの勉強を人間の医師の勉強と見比べてみよう。いくら天才的な学習能力を持った人間の医師といえども、いままでワトソンが勉強した1万分の1でも追いつくことができるだろうか？さらに人間の医師とは違い、ワトソンは一度勉強したことは絶対に忘れない。また、勉強した医学知識を思い出すのに0.1秒もかからないのだ。要するに、“医学の勉強”において人間の医師たちは、もうずいぶんも前にAIに完敗していると言える。

ワトソンは勉強だけしてきたわけではない。世界最高水準のがん専門医が集まるアメリカのメモリアル・スローンケタリングがんセンター（MSKCC：Memorial Sloan Kettering Cancer Center）の後期専門研修医（レジデンシー）として、がん患者診療にも参加した。そして、アメリカ、カナダ、オランダ、中国、インド、韓国など複数の国の病院で人間の医師とともに医療行為を行ってきた。というより、人間の医師に医療アドバイスをしてきたといった方が正しいかもしれない。果たして、この“アドバイス”は私たちが通常考える“アドバイス”なのか、それとも“指示”の婉曲な表現としての“アドバイス”なのだろうか。

米国腫瘍学会によれば、人間の医師のがん診断正確率は80％ほどだという。一方、ワトソンは膀胱がん91％、膵臓がん94％、大腸がん98％、子宮頸がん100％である。**特に肺がん診断の場合、人間の医師が50％に過ぎないところ、それより約40％も高い90％**

の正確度を誇っている(6)。この事実を見れば、ワトソンは人間の医師に“アドバイス”の形を取った“指示”を下していると考えるのが順当だろう。もちろん、絶対にそうではないと言う医師もいるだろう。私もそう信じたい。ワトソンは絶対に人間の医師に指示のようなことは下さず、ただ親切な助言だけしているのだ、と。しかし、そう信じるにはあまりにも現実とかけ離れすぎている。

医療現場で世界最高水準の人間の医師を超える活躍をしているのは、ワトソンだけではない。もう何年も前から、世界各国でAI医師が人間の医師を圧倒しているのだ。代表的な事例を並べてみよう。

・アメリカ最高の放射線科医4人とアメリカの人工知能スタートアップ企業であるEnlitic（エンリティック）社が開発したAI医師が、患者の肺を撮影したCT画像を見てがんを診断。人間の医師は平均7%のミスをし、100件中7件は肺がんを見落としていた。一方、AI医師のミスは0%だった(7)。それだけではない。AI医師は人間の医師より1万倍も速い画像判別の能力を見せた。

・GoogleのDeepMind（ディープマインド）が開発したAI眼科医は、世界最高の眼科病院であるイギリスのムーアフィールド眼科病院の専門医をたった18ヵ月で追い抜いた。科学ジャーナル「Nature Medicine」によれば、AI眼科医の診断精度は94.5%で、誤診率は5.5%だった。一方、世界最高水準の眼科専門医の診断精度はAI医師に比べて最低でも1.2%、最高で19.2%も低い。

・アメリカのカリフォルニア大学サンフランシスコ校（UCSF）の准教授である心臓専門医のリマ・アルナウト博士チームが作ったAI医師の心臓超音波分析及び診断精度は92%を誇る。一方、世界最高水準の心臓専門医の診断精度は、これより13%も低い79%である[8]。

・ドイツのハイデルベルク大学研究チームは、人間の皮膚科医58人と医療機器メーカーFotoFinder Systemsが開発したAI皮膚科医の皮膚がん診断精度を比べた。結果は95％の精度を見せたAI皮膚科医の勝利だった。人間の医師の診断精度は86.6％だった[9]。

・英国王立内科医協会は、人間の医師の一般疾病診断精度は52〜99％で実力と経験によって千差万別だが、イギリスの人工知能企業、Babylon Health（バビロン・ヘルス）が開発したAI医師の一般疾病診断精度は98％で一定であると明らかにした。

・韓国の建国《コングク》大学病院整形外科の教授チームが開発したAI医師は、肩骨折診断精度が96％で、人間の整形外科医より優れていることがわかった。驚くべきことに、AI医師の診断精度は骨折形態が複雑であるほど高いことが明らかになった。

・中国が開発したAI神経科医は、中国最高の神経科医が「意識が戻る見込みがまったくない」という診断を下した7人の患者を診察し、「1年以内に意識を回復する」と判定した。7人の患者は、AI医師の診断どおり全員が1年以内に植物人間状態を脱した。

AI医師は、いまこの瞬間にも少しのわき目もふらず、コーヒーを飲んだり食事することも、音楽を聞いたり映画を見ることも、友達に会ったり家族と時間を過ごすことも、ボーっとしたり、休憩や休暇をとったりすることも、睡眠をとることもなく、人類には絶対不可能な領域である“医学と医療の完成”に向けて進んでいる。

人間の医師よりAI医師を選ぶ患者たち

驚くべきことに、**患者はAI医師を人間の医師よりも接しやすいと感じているという**。人間の医師よりも好感を持ちやすく、頼りになり、信じることができる、と。次の事例を見ればわかるだろう。

・2016年、AI医師ワトソンを取り入れた嘉泉《ガチョン》大学キル病院がその年末、がん患者100人を対象に「もし人間の医師とAI医師が異なる処方を下したらどうするか」というアンケートを実施した。すると、**100人全員が「AI医師の処方に従う」と答えた**。実際にがん患者は、人間の医師とAI医師ワトソンの治療法が異なる場合はワトソンの処方に従った。患者は、ワトソンが米国最高のがんセンターで働いていたときに1,000人の患者診療記録を分析し、約300人の患者に人間の医師が見落としたがん治療法を提示したという事実をすでに知っていたからである。

・嘉泉大学キル病院のゲノム研究所アン・ジョンミン所長は、メディアのインタビューで「過去20年ほどの間に仁川《インチョン》からソウルへがん患者が移った。いわゆる五大病院からキル病院へがん患者が来るケースは珍しかったが、AI医師ワトソンが来てから状況が変わった。がん患者が5大病院から私たちの病院に来るようになったのだ」と明かしている(10)。患者が韓国の五大病院の名医よりもAI医師ワトソンを信頼しているという証拠だ。こうした現象は、ワトソンを取り入れた他の病院でも一様に起こっている。

・アメリカの南カリフォルニア大学研究陣は、「患者は人間の精神科医とAI精神科医のどちらをより接しやすいと感じ、本音を言いやすいか」について研究を進めた結果、驚くべきことに、**患者は**

AI医師よりも人間の医師を接しにくいと感じていることがわかった。治療効果も、AI精神科医が人間の精神科医よりもはるかに高かったのはいうまでもない。

・韓国にAI医師ワトソンを初めて持ちこんだ嘉泉大学キル病院のキム・ヨンボ神経外科教授は、メディアのインタビューで「人工知能において、精神科領域は人間の感情を扱う問題なので発展が最も遅れると予想していたが、思ったよりもかなり進んでいる」と述べた(11)。

・韓国でデジタル・ヘルスケア分野の代表的な専門家として紹介されているチェ・ユンソプ所長は、『医療人工知能』でこのように語っている(12)。「自分はAIと相談するのだと思っている患者は、人間と相談するのだと思っている患者よりも率直に話し、自分の恥部を見せることも相対的に恐れなかった。また、悲しい感情もよりよく表現した」。

最近の情報では、ワトソンは世界最高の病院経営者になるために休みなく病院経営の勉強をしているという。ワトソンは、真の“医学と医療の神”になろうとしているのだろうか？　わからない。AIは医学と医療の神になるかもしれないし、永遠に機械のままかもしれない。明らかなことは、遠からぬ未来に医師がAIに置き換えられるときが訪れるという事実である。そのとき、病院ではどんなことが起きるのだろう。世界的な学者と、AIと共同で診療する医師と、医療人工知能開発者の意見を総合してみると、次の4つのことが予測できる。

・「名医」という単語がなくなる。AIより優れた人間の医師が存在するとは思えないからだ。もし未来にも名医という単語が残っていたら、それはAI医師を指す言葉となるだろう。

・病院での医師の専門業務がほとんどなくなる。とくに、精神科医の業務がいちばん最初になくなるだろう(13)。一方、看護業務は人間の領域として残る可能性がある。もちろん、ここでいう看護は、体温をはかったり、注射を打ったりするといった機能的な看護ではない。このような機能的な看護業務は、医師業務よりずっと早くAIロボット看護師によって置き換えられるだろう。**ここでいう“看護”とは、患者の肉体的苦痛はもちろん、心のケアまで面倒を見る行為を意味する**。さらには、患者が身体の健康と心の健康を早急に取り戻し、元気に社会復帰することができるよう手助けする行為だ。簡単に言うなら、母性愛に基づいた心身のケアである。

医師の話に戻ろう。AI医師との競争に敗れた人間の医師はまず看護業務に飛びつくが、すでにAIロボット看護師との対決で勝利して病院に残った人間の看護師との競争に敗れて病院を去ることになる。こうして病院には少数の人間の医師と少数の人間の看護師、そして多数のAIロボットが残る。患者は病院のこのような変化を大歓迎するだろう。彼らは人間の医師がAI医師と比べてどのくらい不注意で間違いだらけなのかを誰よりもよく知っているからだ。

AI医師は、真似することのできない完ぺきな視力と聴力を持ち、全世界の病院のデータを記憶しているだけでなく、全世界のAI医師とリアルタイムでコミュニケーションを取るため、誤診をする可能性がない。そしてAI医師は、人間の医師のようにコンディションが悪いということもないため、医療ミスを犯すこともない。

・誰もがAI主治医にかかることになるだろう。将来、人間が住む家全体は人工知能システムが管理することになるため、AI医師は家を管理する人工知能システムと24時間連携し、住民の身体のコンディションを随時チェックする。少しでも異常の兆しが見えれば直ちに知らせてくれ、適切な処置を行ってくれる。

AI医師は疾病が発生する余白自体を作らない。もちろん、多くの人間がAI医師の助言を軽く受け止めて無視することもあるだろう。そのときは結果的に病院に行かなくてはならないが(14)。

3万4,000件 VS 0件

ある病院で、製薬事故が発生した。処方される薬物の量の小数点が間違って打ち込まれ、2.25ccが処方されるはずだったところ、22.5ccが処方されてしまった。この事件は幸いにも大きい事故にまでは至らなかったが、病院側は大きな恐怖に陥った。人間の不注意への恐れである。病院は、その恐怖から脱するため、AI薬剤師を導入した。**その後6年の間に、AI薬剤師は40万件以上の処方薬を調剤し、1件の間違いも犯さなかった**。米国で6番目に優秀な、UCSFメディカルセンターの話だ。

薬剤師は、平均的に100件調剤するごとに約1.7件のミスを犯すという。もしUCSFメディカルセンターが、人間の薬剤師をずっと使っていたらどうだっただろう？　40万件を調剤する間に約6,800件のミスがあったはずだ。もしこの中のたった1件でも、大事故につながったら？　考えただけでもゾッとしてしまう。しかし、UCSFメディカルセンターはAI薬剤師を取り入れたことで、6,800件以上もの調剤ミスを未然に防ぐことができた。

リチャード・サスカインドとダニエル・サスカインドの共著書『プロフェッショナルの未来——AI、IoT時代に専門家が生き残る方法(2017年刊、朝日新聞出版)』に、2011年に開業したアメリカのある薬局の話が出てくる。その薬局にはAI薬剤師しかおらず、1件のミスも犯さずに過去200万件もの処方を行っている。もしこれが人間の薬剤師だったら、3万4,000件の調剤ミスを犯していたかもしれない。

中国は、2017年後半から人間の薬剤師をAI薬剤師に置き換えるプロジェクトをはじめた。そしてブルームバーグ社は、このプロジェクトによって約40万人に達する中国の薬剤師がAI薬剤師に置き換えられるかもしれないという報告書を提出している。

ドキュメンタリー番組で、アメリカの55の有名大学病院の調剤室の様子が放映された。驚くべきことに、**人間の薬剤師は1人もおらず、AI薬剤師がすべての調剤を行っていた**。今後、アメリカのすべての大型病院では、人間の薬剤師の代わりにAI薬剤師が導入される見通しだという。そのうち、中小の薬局の調剤室から人間が消え、さらに全世界の薬局の調剤室から人間が消えるはずだ。AI薬剤師が絶対に持つことができない能力を持つ少数の人間の薬剤師だけが、薬局に残ることになるのだろう。

AI薬剤師が人間の薬剤師より調剤能力が高く、この先、大部分の人間の薬剤師がAIに取って代わられるということよりも、さらに憂鬱で悲しい事実がある。それは、患者がAI薬剤師を人間の薬剤師よりも好み、信頼するということだ(15)。単に薬を間違えずに調剤するという理由だけではない。100%、衛生的管理が行き届くようになるためである。

考えてもみてほしい。AI薬剤師には、髪の毛も眉毛も鼻の穴も口も歯も舌も爪も毛もない。すなわち、**存在自体が100%衛生的である**。それだけでなく、手で鼻を触ったり、口をこすったり、頭や体を掻いたりすることもない。くしゃみや咳をすることもないし、あくびをしない、よだれを垂らしたり、汗をかいたりもしない。タバコを吸ったり、トイレに行ったりすることもなく、外から知らないばい菌を持ち込むこともないのだ。

人間の薬剤師が不衛生だといっているのではない。私の周囲にも薬剤師がたくさんいるが、みんな、一般人とは比較できないほどに清潔で衛生的である。いま私は、肉体を持つ人間には絶対に超えられない障壁について話しているのだ。ちなみに、この障壁は人間の医師にもついても同様である。

正直にいうと、私は患者が衛生面を理由にAI薬剤師を好み、信頼するという資料を読んでとても戸惑ってしまった。もしかすると、今後人間がAIに置き換えられる最も大きな理由のひとつが、“人間の人間に対する不信”のせいかもしれない。

これは本当に深刻きわまりない問題といえるだろう。単純に人工知能技術が発達して人間に取って代わるというだけのことなら、社会的合意を通じてこれを制限したり、禁止したりすることもできるが、人間が人間を信じないからという理由ならば、社会的合意を引き出すようなことはほとんど不可能になるからである。

とにかく私たちの社会が医師に引き続き最も良い職業として挙げている薬剤師が、今後AIに置き換えられることは明らかなようだ。

「リーガルテック」に弁護士と判事も置き換えられる

韓国の大法院（最高裁判所）は、2020年までに個人再生と破産の裁判にAI判事を取り入れると発表した。あくまでも人間の判事の指揮、監督下にAI裁判システムが運営されるものと見られるが、AI判事は導入されたその瞬間から人間の判事を超えてしまうだろう。

法律事務所のような場所でAIに法律業務を任せることを、「リーガルテック」（Legal Tech）という(16)。アメリカの場合、2011年からリーガルテックが始まった。いまではAIに法律業務を任せている法律事務所は1,400以上だ（2018年現在）。では、リーガルテックのせいで収入が大幅に減ったり、廃業したりした弁護士がアメリカにどのくらいいるのだろう。リーガルテックはまだ始まったばかりだ。

世界的な金融会社JPモルガン・チェースの社内法務チームの弁護士たちは、毎年約1万2,000件の契約業務を処理しているが、これをこなすには約36万時間が必要である。そのJPモルガン・チェースが最近、**AI弁護士を自己開発し、契約業務1万2,000件を任せた。AI弁護士は契約業務をすべて処理するのに、たった数秒しかかからなかったという**。そこで考えてみよう。

「今後JPモルガン・チェースの弁護士たちはどうなるのだろう？」。

イギリスの法律事務所LexxoのCEO、ダニエル・ビンスベルゲンは、メディアのインタビューに次のように答えている。

「人間の弁護士が300件を処理する間にAI弁護士は60万件を処理する。おかげで私たちの法律事務所は、人件費を80%も削減できた。私たちはもはや人間の弁護士を採用していない」(17)。

世界各国で行われた対決でAI弁護士に惨敗

こういった現実を認めがたい弁護士はかなりいるようだ。法律文書を機械的に読んで分析して適用する速度において、つまり機械が人間に勝る領域において、人間はAIに完敗するしかない。しかし彼らは、法律文書を土台に今後発生する可能性がある多くの法的問題を予測して解決策を提示したり、人間の判事が進行する裁判の結果をあらかじめ予測して弁論を準備したりするといった行為は人間固有の想像力と推論能力が必要なため、AIは絶対に人間に勝つことができないと思っている。

最近、彼らのうちの一部が、AI弁護士と対戦した。米国でも20人の人間の弁護士がLogisというAI弁護士と対戦しており、イスラエルでも、イギリスでも、同様の対戦が行われている。**結果はすべて、人間の弁護士の惨敗だった**。AI弁護士は、人間固有の能力が必要であるという分野でも人間の弁護士を圧倒する能力を見せたのだ。

逆に考えると、これまで人間の弁護士が法律業務をどのくらい機械的に遂行してきたのかを見せてくれたともいえる。つまり、機械に過ぎないAI弁護士の観点から見るとアメリカ、イギリス、イスラエルの最高の弁護士は自分との差がほとんどない、要するに人間固有の能力をほとんど発揮することができない存在というわけだ。もちろん韓国の弁護士も例外ではない。

人間による「人間に対する不信感」

AIの医師・薬剤師・法律家に関するニュース記事を見ると、末尾には必ず人間側の反論が載っている。共感能力や創造的発想力のないAIは、人間と置き換えることができないという主張である。

私はこれまで、多くの人にこのことについてどう思うか聞いてみた。どの人も、**病院や薬局を何十年も利用しているが、患者の肉体的・精神的な痛みに深く共感して一緒に涙を流してくれたり、医学・薬学的な発想力を発揮して既存の治療法を超えた革新的な治療法を提示したりしてくれるような医師や薬剤師には一度も会ったことがないと言っていた**。判事、検事、弁護士と接した経験がある人々も同じだった。

私は先に医師と薬剤師がAIに置き換えられる理由の最も大きいもののひとつとして、「人間の人間に対する不信」を挙げた。これは判事と検事や弁護士にもそのまま適用される。誰でも公正な法の執行を願い、最高の弁護士を求めている。しかし現実は、「金持ち無罪、貧乏有罪」の世界だ。さらにアメリカのコロンビア大学研究チームとイギリスのウォーリック大学研究チーム[18]によれば、人間の判事と検事は一般人に比べて衝動的な性向や観点の偏りが多く見られるという。この研究チームが提示した代表的事例は次のとおりである[19]。

・法廷で最初に裁判を受ける3人が釈放される確率は、最後に裁判を受ける3人より2〜6倍以上高い[20]。

・アメリカとイギリスの判事と検事は、同じ罪を犯しても有色人種により求刑を厳しくし、量刑も重くする。
・アメリカに亡命を申請した人々の亡命許可の可否は、どのような判事に会うのかによって決まる。判事の亡命許可の割合は10%から90%とまちまちだからだ。

イスラエルの研究チームが、自国の判事による1,000件の判決結果を分析した研究がある。これを見ると呆れてしまうだろう。イスラエルの判事は、満足のいく朝食を取ったときには非常に寛大な判決を下すという。昼食についても然り(21)。もっとも、他の国の判事も大差はない。

もし全世界の人間の判事と検事がAIに置き換えられたらどうなるだろう？「金持ち無罪、貧乏有罪」はなくなり、偏見と差別に基づいた捜査と裁判もなくなり、「前官礼遇（主に裁判官や検事を辞職後に弁護士に転身した人が、裁判に勝ちやすくするよう優遇する行為）」や「後官礼遇」（元弁護士の裁判官が元の職場の利害関係によって判決を変える行為）のような法曹界の慢性的な慣行も消えるはずである。

全世界で進む「AI教師プロジェクト」

オーストラリアのセント・ピーターズ女学校幼稚園では、AI教師のAdaが子どもたちにアルファベットや数字を教えている。それだけではなく、Adaは音楽や図工、体育まで教え、休み時間には一緒に遊んでいるという(22)。

中国では200以上の幼稚園でKeekoというAI教師が活躍している。2017年の時点でKeekoは、子どもたちと話し、本を読みきかせ、算数を教え、子どもたちと歌って踊り、ゲームをすることが報告されている(23)。

日本の文部科学省は、小学校教師の英会話の実力をネイティヴ・

スピーカーのレベルまで引き上げるために労力を費やしてきた。しかしそれは、容易ではなかった。文部科学省がいくら苦心しても、ネイティヴと同じように英語ができる教師があまり育たなかったのだ。そして、文部科学省は極めて簡単な方法を思いついた。AI教師を教室に配置し、英語を教えればよいのだ。NHKの報道によれば、「AI英語教師プロジェクト」は2019年4月から全国500校の小学校を対象に試験的に実施され、以後すべての学校に順次広められていくという。

アメリカのカンザス州ウィチタの中学、高校ではカーネギーメロン大学で開発したAI教師MATHiaが数学を教えているし(24)、ポーランドではPhoton Entertainmentが開発したAI教師が学校で生徒たちの学習を助けている(25)。フィンランドでは、人工知能試験学校にOVObotというAI教師を配置して数学を教えているというし(26)、さらにフィンランド南部に位置するタンペレ市の小学校ではAI教師エリアス（Elias）が語学教育を任されているという。エリアスは23ヵ国語を教えることができ、子どもたちの学習水準を分析し、それぞれの子どもに合わせた学習方法を生み出すことができる(27)。スカンジナビアでは、ノルウェーのAI企業、No Isolationで開発したAI教師を学校に配置し、さまざまな事情で長期間登校することができなかった子どもたちがクラスの友だちと連絡をとり、交遊できるように手助けしている(28)。

ニュージーランドでは、世界的な知識層の教授や学習法を搭載したエイミーというAI教師が人工知能試験学校に配置されている。**エイミーは、数学ができない生徒に対して残念そうな表情を見せたり、生徒の自尊心を傷つける発言をしたり、生徒を見捨てるようなことを一切しないため、生徒たちからの信頼も厚いという**。さらに、生徒のそばで問題を解く過程を見守り、失敗したり間違ったりした箇所を的確に指摘し、生徒が理解するまでわかりやすく親切に、優しく説明してくれる。つまりエイミーは、生徒が最も理想とする数学教師の役割をこなしているのだ。

アメリカ、ボストンの公立学校は、AIのJiboを開発したMITメディアラボのシンシア・ブリジール教授チームと共同で、文字を読むことができない生徒を対象にあるプロジェクトを行った。主な内容は、Jiboに教師の役割を与えて成績不振の生徒を指導することだった。結果、子どもたちの学習能力がけた外れに向上し、大成功を収めた。

アメリカのアリゾナ州立大学では、6万5,000人ほどの学生を対象に、数学や生物学、経済学などの科目をAIから教えてもらう教育プログラムを実施した(29)。結果は驚くべきものだった。高校時代に数学が苦手科目だった学生の数学の点数が、平均28%も向上したのだ。同様に、生物学試験脱落率は20%から1.5%となり、評価C未満の割合は28%から6%に、経済学もC未満の割合が38%から11%となった。

アメリカのイェール大学のブライアン・スカセラティ教授チームは、自閉症児童を対象に人工知能教育プロジェクトを実施し、その結果を次のように発表した。「AI教師は、自閉症児童の社会性を育てることに予想以上の成果を見せた」(30)。1982年から自閉症児童の治療を研究してきた米国テキサス州立大学のパメラ・ローリンズ教授チームは、人工知能企業RoboKindと自閉症児童のためのAI教師マイロ（Milo）を開発。マイロは、自閉症児童の感情調節能力、共感能力、社会的関係能力などの向上を助け、伝統的な教育法の治療効果より約23倍も高い70%の治療効果を見せている。実際にマイロを学校に取り入れて自閉症児童を教育しているテキサス州のキップ小学校ケイティ・ヒル校長は、メディアでのインタビューでこのように話した。

「マイロに出会った自閉症児たちは、すぐに変化が見られた。自己節制力が大きく向上し、社会的なコミュニケーションも驚くべき改善を見せてくれた」[31]。

現在、マイロを取り入れた米国の学校は約300校にのぼっている[32]。

勉強だけではない。スペインのある学校では、AIロボットキットのQ.bo OneとAIスクールカウンセラーのスノー（Snow）に校内のいじめ問題を任せている。2体のAI教師は現在までに4,000人以上の学生の相談を受け、いじめ問題を40％以上解決したという[33]。スペインはスノーとQ.bo Oneの成功秘訣をこのように明らかにした。「生徒たちは、AIを友達や先生よりも接しやすいと感じ、より親しみを持っている。おかげで生徒はAIに自分の秘密を率直に打ち明けることができるのだ」[34]。

東国《トングク》大学シン・ナミン教授チームは、「ハンギョレ」新聞とソウル・京畿道《キョンギド》地域の小・中・高校の生徒749人を対象に「人工知能と未来教育」に関するアンケート調査を実施した。生徒たちは「もしAIが担任の先生になったら、敬語を使うか」というアンケートに71.1％が「はい」と答え、「AI教師が出す宿題をきちんとしてくるか」というアンケートには69.6％が「はい」と答えた。「友達との和解など、AI教師の交友関係への指導に従うことができるか」というアンケートに「はい」と答えたのは60.2％だった[35]。

資料を調査してみて、少し裏切られた気分になった。他の専門職と違って、教師は子どもたちとの情緒的なコミュニケーションと共感が必要とされる職業である。だからこそ、AIに置き換えられる可能性が最も低いという話をさまざまなルートから聞いていた。だが、実際に調査してみるとまったくそんなことがなかった。**むしろ子どもたちは、人間の教師よりも親しみやすいAI教師を好意的に見ており、より信頼しているのだ**。

AI教師が持つ知識の量は想像を絶するレベルである。例えば、AI教師は「こんにちは」という言葉を現存するすべての言語でいうことができるだけでなく、シュメール語、古代ギリシア語、中世フランス語などでも教えてくれる。さらに、このような知識教育を、世界的な教育学者の研究結果と世界最高水準の教師の教授法を土台にして行うことができるのだ。カウンセリングや人格教育、道徳、創作などの教育をする場合も同じである。

AI教師は、いまこの瞬間にも最新の知識、全世界で発表されている教育論文や教授法、教育事例をリアルタイムで学習しており、自らを絶えずアップグレードしている。さらに、学生ひとりひとりの傾向を把握し、それに合わせた教科指導と学習相談をしながら、生徒の交友関係を指導し、彼らの自立心や協調性、社会性を向上させる能力も育ててくれる。要するに、AI教師は学生にとって理想的な教師なのだ。

問題は、AI教師はいままさに開発段階にあるという点だ。AI教師の時代はまだ始まってもいない。AI教師が本格的に開発されだしたら、教師は医師、薬剤師、判事、検事、弁護士とまったく同じ未来を迎えるだろう。80〜90%の教師は学校を去ることになり、残った教師はAIに指示を下す教師と、AIに指示を受ける教師の2者に分けられるのだ。

「良い職業」から奪われていく人工知能時代

私たちの社会で最も良いと考えられている職業が、じつはAIに置き換えられる確率が一番高く、さらにはすでにAIに置き換えられつつあるという事実を説明するために、多くのページを割いてきた。ただ、この事実は読者が絶対に知っておくべきことなのだ。読者の中には、このように尋ねる人がいるかもしれない。医師、薬剤師、法律家、教師よりも、もっと良い職業があるではないか？　私は教師時代に、2,000人以上の学生を対象にアンケート調査を実施したことがある。韓国で最も良いとされている職業は何だと思うか、というアンケートである。学生は、医師、判事、検事、薬剤師、弁護士、教師の順に答えた。この原稿を書く前に100人以上の人々を対象にアンケートしたときも、同じような結果だった。医師・薬剤師・法律家・教師をAIに置き換えられる代表例としてあげたのは、こういう背景があったからだ(36)。次に、CEO、企業幹部、公務員、会計士、税理士、通関士、弁理士などについて見ていこう。

CEO-AIがIBMの経営陣に経営指導

まず、CEOについて述べる。**AIのワトソンは、すでに世界最高水準の経営陣、すなわちIBM経営陣を相手に経営指導をしている**。現在、世界中でワトソンより企業経営の知識と事例をよく知っている存在はないからである。一方で、アメリカの多くの人工知能企業は、ワトソンを超える企業経営に特化された、つまり人間のCEOに取って代わることができるAIを開発中である。

人工知能を研究する世界的な学者と人工知能の専門家によれば、CEOの主な業務である役職員の管理、企業イメージと資本の管理、多くのデータを参考にして市場の需要を予測・判断し、投資の決定を下すことなどは、AIが最も得意なことであるという。つまり、CEOはAIに取って代わられる可能性が最も高い職業のひとつである。

企業役員はどうだろうか。先進国では、多くの企業が人事管理業務全般をAIに任せている。AIは人間と比べ、ほとんど完ぺきな人事を行うことが可能だ。特に人事の“公正性”においては、人間との比較を許さない水準である。

韓国でも、SK C&C、ロッテグループ、LGグループ、韓美薬品、JW中外製薬、KCA等の人事管理業務のひとつである新人社員の選抜をAIに任せている(37)。その理由は簡単だ。AI面接官は、人間には絶対に真似ができない正確さで、入社願書を人間の面接官の100倍の速度で検討する。そればかりではない。面接を行う際には、人間の面接官には見抜くことができない小さなまばたきや声の震え、顔色の変化や心拍数、脳波までチェックできる。つまり、AIは企業が望む相応しい人材を、客観的かつ科学的な方法で、スピーディーに選抜することが可能なのだ。

先進国では、人事管理以外の業務も少しずつAIに任せるようになってきている。先進国に追従している韓国企業は、将来、どうなっていくのか？　おそらく、人間の居場所はほとんど消え、その代わりにあらゆる場所がAIロボットで埋まっていることだろう。

公務員——最も置き換えられやすい業務

日本の千葉県千葉市は、2017年、保育関連行政業務にAI公務員を投入する実験をした。結果、**人間の公務員30人が1週間以上かけてこなす業務が、たった数秒で終わってしまった**(38)。千葉市の実験で証明されたAI公務員の効率性に感嘆した日本の自治体は、公務員の業務をAIに任せるプロジェクトを推進している。

韓国では「AI行政秘書」と「AI政策諮問官」のようなAI公務員プロジェクトが推進され、人型ロボットの公務員を市役所、区役所、住民センター、税務署、登記所などに配置する予定だという。最近、人事革新処（2014年に発足した韓国の中央行政機関のひとつ。公務員人事等を担当）は次のような発表をしている。「2030年までに国民請願担当の公務員50％以上、警察・消防など現場公務員25％以上、専門職務担当の公務員25％以上をAIに置き換える。それ以後、2045年までに国民請願担当の公務員70％、現場公務員50％、専門職務担当の公務員50％をAIに置き換えることにする」(39)。

私がプライベートで出会った人工知能専門家の言葉によれば、**公務員ほどAIに置き換えられやすい職業はないという**。公務員の業務は、共感能力や創造的発想力を発揮しなくても遂行できるからだ。しかし、それは韓国に存在する大半の職業が同じである。ひとつ明らかなのは、「現在、人間の公務員がしている業務の大半は、最終的にAIに置き換えられるだろう」ということだ。

その日は人々が思っているよりも早く来ると考えられ、公務員の大量解雇という事態になることが予想される。

士業——職業自体が消滅するという報告も

会計士、税理士、通関士、弁理士、不動産鑑定師、保険計理士（アクチュアリー）、財務分析者士などは、もう何年も前から世界的な研究機関が各種報告書を通じて、こういっている。AIによってほぼ完全に置き換えられるか、職業自体が消滅することもありうる、と。国際統合報告評議会（IIRC）の「第4次革命時代新企業報告書」、世界経済フォーラム（WEF）の「第4次産業革命報告書」、国連の「2045年ビジョン（Vision2045）」などがその代表である。韓国でも韓国雇用情報院とLG経済研究院などが似たような発表をしている。末尾に「士」が入るような職業は例外なくAIによって終焉を迎えるか、それに近い状態を迎えると考えてよいだろう。

ここまで書くと、人間が小・中・高校から大学まで勉強に没頭して良い職業に就くということは、もはや意味がないように思える。いったいAIはなぜ、大卒者が就くような良い職業を容易に奪えるのだろうか？　理由は簡単である。AIは最初からそのように設計されて作られているからだ。

AIは学校で勉強が得意だった人々に取って代わり、彼らを超越していく。つまり、お金になる職業から先にAIが取って代わる。AI開発者や企業はそのために日々開発に励んでいるといっても過言ではない。

IQ165の「狂人」
レイ・カーツワイルの未来予測

レイ・カーツワイルという人がいる。IQ165を誇る世界最高の発明家だ。科学者であり工学者でもあり、思想家であり未来学者でもある。「ウォール・ストリート・ジャーナル」は彼を「疲れを知らない天才」と評し、「フォーブス」は「究極の思考機械」、「Inc. マガジン」は「21世紀のエジソン」と評した。**レイ・カーツワイルは、過去30年間に147個の未来科学技術を予測したが、そのうち126個が的中した**。的中率86%にものぼる世界最高の科学技術の未来予想のスペシャリストだ[40]。ちなみに、147個の予測中78%、つまり115個については年度まで当てている。

彼の未来予想のなかでも有名なのは、「ヒトゲノム計画」である。世界最高の科学者がヒトゲノムを100%解読しようと7年間取り組んでも、やっと1%しか解読することができなかった時代のことだ。全世界の専門家が、これまでの進捗状況から見ると、ヒトゲノムが100%解読されるまでにはあと700年はかかると予測していた。このプロジェクトを続けるのは金の無駄遣いでしかない、そろそろ断念すべきだと誰もが批判していたときのことだ。そこに、ヒトゲノム専門家でもないレイ・カーツワイルが現れた。彼は独自の未来予想ツールを用いてヒトゲノム計画を分析し、このように発表した。「今後、7年のうちに残りの99%が解読されるでしょう」。

この発表によって彼は狂人の烙印を押されたが、結果は彼の予測どおりになった。いや、彼の予測よりも早く、ヒトゲノムは100%解読された。これによって彼は、科学技術の未来予想という分野において真の伝説となったのだ。

「収獲加速の法則」——幾何級数的成長の恐ろしさ

レイ・カーツワイルが、科学技術予測のために用いるツールとは、「収獲加速の法則」(The Law of Accelerating Returns) である。この法則の核心部分は、科学技術は幾何級数的に発展するという点である。少し難しい表現を用いるなら、指数関数的(41)、つまりグラフはある特定の地点までは時間を意味するx軸の底辺を這うようにしてなだらかな曲線を描いていくが、特異点を通過する瞬間、爆発的に右肩上がりの曲線を描いて無限へと向かうというわけである。

収獲加速の法則の核心である「幾何級数的成長」は、古くから将棋やチェスで語られてきたが、現代は「折り紙」を通じて説明される。

A4用紙1枚の厚さは0.1ミリ。これを1回畳むと、厚さが2倍になる。2回畳めば厚さが4倍になり、3回畳めば8倍になる。それでは23回畳むと……厚さは1キロメートルになる。さらに30回畳めば厚さは100キロメートル、42回畳めば厚さは約40万6,000キロメートル(地球から月までの距離とほぼ同じである)を越える約44万キロメートルとなるのだ。仮に、A4用紙を51回畳めば、その厚さは地球から太陽までの距離になり、81回畳めばアンドロメダ銀河とほとんど同じ大きさに、103回畳めば私たちが観測可能な宇宙のサイズを越える約930億光年分の厚さになる。

にわかには信じがたいが、数学的に証明された事実である。

半導体を見れば、収獲加速の法則が他の何よりも科学技術に当てはまるということがよくわかるだろう。1965年以降、現在までの半導体チップの用量は約270億倍も増加した。おかげで私たちは、現在、アポロ13号に搭載されたコンピューターよりも性能がずっと優れたコンピューター、スマートフォンを持ち歩いている。ちなみに、1960〜1970年代にいま私たちが使っているスマートフォンの水準を持つコンピューターを作るためには、1兆円以上の予算が必要だったという。

……そして、2045年

レイ・カーツワイルは、収獲加速の法則を人工知能の技術発展に代入して次のような結果を算出した(42)。

- 2029年、人間の知能を超越するAIが現れる。
- 2045年、人類全体の知能を超越するAIが現れる。

つまり、2029年には人類で最優秀であると評されるノーベル賞受賞者級の知能を超越する機械が登場し、2045年には、私たちがSF映画で見たような知能を持つ機械が現れるということだ。

レイ・カーツワイルは、この発表をしたときも狂人扱いされた。とくに人工知能の聖地である米国シリコンバレーでは、数百年後ならいざ知らず、この先何十年間は人類全体の知能を超越するどころか人間レベルの人工知能も作ることができないというのが、当時の専門家の共通意見だったため、その批判は凄まじかった。

ところがここ数年でシリコンバレーにおけるレイ・カーツワイルに対する評価が急激に変わり、いまでは彼を「人工知能時代の賢者」として崇めるようになった。ビル・ゲイツは「人工知能の未来を正確に予測することができる人はレイ・カーツワイルしかない」と熱狂的に信奉しているし、Googleのふたりの創業者は、レイ・カーツワイルを自分たちの会社に招聘し、人工知能プロジェクトの総指揮をさせているほどだ。

人類全体の知能がCPUに負ける日

日本で人工知能時代の新しい教育法を開発し伝えようとしている神野元基は、著書『人工知能時代を生き抜く子どもの育て方（2017年刊、ディスカバー・トゥエンティワン）』で、レイ・カーツワイルの「2045年説」についてもう少し現実的な解釈を加えている。収穫加速の法則によれば、現在の貨幣価値における10万円で買うことができるコンピューターに搭載されるCPUのトランジスタの数が、2045年には人間ひとりの脳細胞数の100億倍になるという。これは何を意味するか。人類全体の知能が、コンピューターのCPUひとつに及ばないということだ。そのときAIは、当然人類全体の知能を超越するCPUを搭載しているはずである。つまり2045年に人類全体の知能を超越したAIが現れるというレイ・カーツワイルの予測は、数学的・科学的に十分にありうる話なのだ。

もちろん、レイ・カーツワイルの予測が間違っている可能性もある。ビル・ゲイツとGoogleのふたりの創業者、そして神野元基も同じだ。人間の知能を超越するAIが現れるのは2089年のことかもしれないし、人類全体の知能を超越するAIは2299年になるまで作られないかもしれない。いや、もしかすると人類全体の知能を超越するAIが永遠に現れないことだってありえる。ただし、投資成功率86%を誇る世界最高の投資家がある銘柄を選んですすめてくれ、その投資家の話を聞いて世界最高の金持ちがその銘柄をすでにたくさん買っているとしたら、聞き流すよりは聞き入れるほうがいいに決まっているし、投資もしておくべきなのだ。人工知能の未来についても同じことだ。レイ・カーツワイルのような人が年度まで指定して話しているのだから、そしてそれをビル・ゲイツとふたりのGoogle創業者を始めとするシリコンバレーの天才が受け入れているのだから、あなたも真剣に受け入れるべきである。信じても損はない。

ただし、レイ・カーツワイルの言う2029年と2045年とは、AIが医師、薬剤師、判事、検事、弁護士などに置き換えられる年度などではない。人工知能が人間の知能を超越する特異点に関する年度である。であれば、知識教育の勝者が持ちうる最高の職業が、AIに置き換えられるタイミングはいつだろうか？

私は、この質問の答えを探すために非常に長い時間をかけて海外の学者や研究機関はもちろん、韓国の専門家と研究機関が発表した資料を分析し、次のような結論に至った[43]。

ここで要点を整理しよう。そのうえで、人間固有の能力について、Part2とは別の角度から考えてみよう。

・AIによる専門職代替はもう始まっている。

・AIによる専門職代替が目に見えて増え始める時期は、2025年くらいである。

・2025年から2035年の間に専門職の10〜30％がAIに置き換えられ、失業者に転落することが予測される。

・AIによる専門職代替が本格的になる時期、つまり専門職の30〜50％がAIに置き換えられて失業者になるのは、2035年頃ごろからと予測される。

・2045年からは、専門職の80〜90％がAIに置き換えられると予測される。

ホワイトカラーでも ブルーカラーでもなく「ニューカラー」

2016年11月の出来事である。米大統領に当選したドナルド・トランプ宛に、1通の手紙が送られてきた。差出し人は、IBM最高経営者（当時）のジニー・ロメッティだった。彼女は手紙の中で次のように言っていた。

「大統領殿、4年制大学の卒業証書はもはや無意味です。ホワイトカラーの時代は終わりました。彼らは今後、AIに置き換えられるでしょう。ブルーカラーも同様です。いまや、ニューカラー（New collar）の時代なのです。今後アメリカ国民は人工知能教育を受けなければなりません。**ニューカラーに生まれ変わる必要があるのです**」。

関連記事を検索してみると、IBMはすでに2011年から「ニューカラー・スクール」なるものを運営し、ニューカラーを輩出しているという（44）。ところがその中身をのぞいてみて、私は少し失望した。IBMのニューカラー・スクールは、シリコンバレーの私学のように「AIに置き換えられない人材」を育成する教育、つまりAIの支配者になる教育をするというよりは、IBMのような人工知能企業が望む人材を育てる教育、要するに人工知能産業従事者を育てる教育であるという印象だったからだ。

ニューカラーとAIのいたちごっこ

もちろん、ニューカラー教育は受けないよりは受けたほうがよい。そしてニューカラーは、将来、旧時代の教育を受けた人々の上に君臨することも明らかだ。しかし、致命的な短所がある。ニューカラーの能力を飛び越えるAIが開発されれば、直ちに取って代わられてしまうのだ。これは一種の「原理」または「法則」のようなもので、雇用問題やプログラミング教育についても同様である。

遠からぬ未来に人間の働き口の大半がAIに奪われるということが一種の常識として定着した今日にあっても、反対の主張をする少数の人々がいる。驚くべきことに、そのなかには世界的な学者や企業の創業者もいる。彼らはいう。

「今後、世界的に人工知能産業が大きな規模で興ってきたとき、この産業に携わる人も大量に必要になる。人工知能時代に人間の働き口はむしろ爆発的に増えるだろう」。

これらの予測が全面的に間違いであるとはいえない。そのようなことが起きる可能性も十分にある。しかしこの予測は、「新しく発生する働き口も、AIによって迅速に置き換えられる。人工知能産業の関連業務を最も上手くできるのは、結局AIであると思われるためだ」という主張の前では力を失ってしまう。

プログラミングについても同じだ。じつは、プログラミングこそAIが最も得意とする分野である。さらにAIは、飲食もせず休息も取らず、眠ることもなくプログラミングの実力を向上させることができる。人間は最初から競争相手にはならない。このように見てみれば、いまプログラミング教育を熱心に受けている人々は、いずれAIに置き換えられるために必死で努力していると考えることができる。

必要なのは「知恵」——共感能力と創造的発想力

ニューカラー教育とプログラミング教育は、できるだけ受けた方が良いに決まっている。しかしそれ以上に、人間固有の能力、すなわち「共感能力」と「創造的発想力」も身につけておかなければならない。この点は、Part1ですでに確認した通りだ。

この能力を喩えて一言でいうならば、「知恵」である。AIが最も得意とするのは「知識」と「技術」を積むことである。AIは飲食も休息も睡眠もとらなくても、知識と技術を蓄積することができる。よって、人間はこの二領域でAIに追い付くことは絶対にできない。ニューカラー教育やプログラミング教育は、AIとコンピューター・プログラミングに関する「知識」と「技術」を提供するだけである。もちろん、この「知識」と「技術」は第4次産業革命時代においてできるだけ習得しておかなければならないものではあるが、その前に人間固有の能力を身につけなくてはならないのだ。

私はこのような意味で、ニューカラー教育とプログラミング教育について否定的に語ったのである。

共感能力——ビッグE・ミドルE・リトルE

「共感能力」とは本来哲学用語で、他人の考えや感情を他人の立場で感じ、理解し、それを行動に移す能力のことである。とくに苦しんでいる人々の立場に立って考え、感じることができて初めて、彼らの苦痛を軽減するための具体的な行動をすることができる能力のことをいう。共感能力は、以下のように区分される。

・ビッグE（Big empathy ability）
・ミドルE（Middle empathy ability）
・リトルE（Little empathy ability）

ビッグEは、**人類の歴史に記録されるに値するような利他主義的な生き方をする人が持つ共感能力**である。たとえば、国際赤十字を創設した人類最初のノーベル平和賞受賞者アンリ・デュナンや、現代の看護学と衛生学を確立した“白衣の天使”ナイチンゲールが持つ能力だ。

ミドルEは、**ビッグEとリトルEの間にある共感能力である**。私の知人に、『目を開けて、アフリカ』という本の著者がいる。彼は韓国で眼科病院を運営する一見平凡な眼科医だが、彼の生きざまを知れば、ある種の偉大さが見えてくる。国際失明救護機構（VCOM）「ビジョン・ケア」を設立後、世界38ヵ国の貧しい村を回って視力を失った人々を治療し、彼が治療した患者は16万人以上にのぼるという。このうち約2万3,000人が開眼手術を通じて視力を取り戻した。彼はミドルEの代表的な人物だといえる。

リトルEは、**地域社会に影響を及ぼす利他主義的な生き方をする人が持つ共感能力のことを指す**。低所得層の子どもたちのための地域児童センターや、野宿者のための無料給食所などを運営する人が持っている共感能力のことだ。

「共感する」のは難しい？

1970年、プリンストン神学校であった話だ。長老派教会の牧師になるための勉強をしていた神学生に「善きサマリア人」（章末コラム参照）をテーマに説教をするという課題が出された。神学生たちは、別館の講義室に集まって説教を準備し、15分ごとにひとりずつ試験場がある本館の建物に移動して試験官の前で説教をしなければならない。ところが、寮から試験場に移動する道にひとりの男が倒れていた。彼は身体を丸めて、呼吸が苦しいのか胸をつかんで激しく咳をしていた。

じつはこれは、学校の側でこっそりと準備した「利他主義実験」だった。道端に倒れている人はもちろん役者である。

結果、40人中34人が、ユダヤ人祭司とレビ人のように倒れた人を見て見ぬふりをして通り過ぎ、試験官の前で「人は善きサマリア人のように生きなければならない」と説教した。試験場に行く途中で足を止めて道に倒れた人を助けた学生は、たったの6人だった。

道端に倒れて呻いている誰かをそのまま見過ごす34人の学生は、共感についての知識と技術は持っているが、共感能力を持たない人々である。もし彼らに共感についての知識がなかったら、「善きサマリア人」をテーマに説教を準備することはできなかっただろう。またその知識を言葉で表す技術がなかったら、「善きサマリア人」をテーマに試験官の前で説教をすることもできなかったはずだ。しかし、これまで述べてきたように、知識と技術しか持たない人はAIに取って代わられてしまう。

残りの6人の学生はどうだろうか？　残念ながら、彼らもAIに置き換えられるだろう。道端に倒れた人の体を抱えて助け、病院に連れて行くことは、AI救護ロボットが得意とするところだ。

しかしこの6人の学生が、この事件をきっかけにプリンストン神学校内に苦しむ人々を助けるための団体を作り、実際に地域社会に影響を及ぼしはじめたらリトルEとなり、さらには全世界の神学校に似たような団体を作って全世界に影響を及ぼしはじめたならミドルE、または人類の歴史に影響を及ぼす偉大な利他主義的な生き方をはじめたならビッグEとなる。AIがこの3種類の生き方を真似することができるだろうか？　絶対に不可能である。

ある人はこのように言うかもしれない。
「イエスのように生きろということなのか？　AIに取って代わられないためには、そうしなければならないと？」。
私の返事は「おそらくそうだ」ということになる。

創造的発想力——リトルCの地を歩み、ミドルCの山に登れ

創造的発想力とは、これまでなかったことを新たに創り出したり、既存のものに革新を起こしたりする能力のことであり、これらも共感能力と同様に、通常、以下の3種類に分類される。

ビッグC（Big creative imagination）
ミドルC（Middle creative imagination）
リトルC（Little creative imagination）

ビッグCは、人類の歴史に足跡を残すレベルの創造的発想力のことだ。レオナルド・ダヴィンチやミケランジェロのような天才が発揮した能力である。リトルCは、多重知能理論で有名なハーバード大学教授のハワード・ガードナーの説明を借りるなら「日常的な問題解決能力と変化に対する適応力」で(45)、ミドルCはビッグCとリトルCの間にある創造的発想力である。
これらの創造的発想力は、共感能力を通じて発揮される。ビッグCはビッグEを通じて、ミドルCはミドルEを通じて、リトルCはリトルEを通じて……というように。各事例を見てみよう。
アレクサンダー・グラハム・ベルの母親は、聴覚障がい者だった。ベルはそのことをいつも気にかけ、母親の役に立ちたいと思っていた。聴覚障がい克服のための研究を始めたベルは、母親以外の聴覚障がい者たちとも交流を深めるようになる。ベルの関心は、「お母さんの聴覚障がいの克服」から「人類の聴覚障がい克服」まで広がっ

たのだ。ベルは聴覚障がいと言語障がいがある子どもたちのための学校を建て、自分の人生を障がい克服のための発明活動に捧げた。その結果、彼の発明は現代式補聴器の基盤となり、電気装置が装着された最初の補聴器と電話機まで生み出した。すなわち、ベルの人類の歴史を変えた偉大な発明、ビッグCは、人類の課題である障がいの克服という偉大な共感、ビッグEを通じて成立したと言える。

ユニバーサルデザインを産んだ祖母への想い

パトリシア・ムーアは、料理を愛した祖母が関節炎のせいで料理をあきらめた姿を見て、自分が勤めていたデザイン会社にこのような企画を提案した。

「お年寄りは関節炎のせいで冷蔵庫の扉をうまく開けられないんです。おじいさん、おばあさんのための新しい取っ手が必要です。私たちがデザインしてみるのはどうでしょう？」

しかしこの提案は、即座に却下されてしまった。それでも諦めきれない彼女は、老人のための冷蔵庫の取っ手を自らデザインすることを決心する。当時26歳だったパトリシアは、80歳の年寄りになりきるべく、頭には白髪のかつらをかぶり、顔にはラテックスで作ったしわを貼り、眼鏡をかけて視界をぼやかし、耳には綿を詰めて聞こえを悪くした。関節には添え木をつけて手首と足首の動きを制限させ、腰には包帯を巻き、足には鉄製の補助機器をつけてアメリカとカナダの116都市をめぐった。そうして彼女は、1979年から1982年まで老人のようにして暮らした。

彼女はこの経験を土台にして、子どもから老人まで誰でも便利に使うことができる製品をデザインする新しい文化、ユニバーサル・デザイン（Universal Design）を創始し、ジャガイモの皮を剥くナイフ、音が鳴るやかん、両手利き用の包丁とはさみ、ゴムの取っ手が付いた料理用品、車輪の付いたカバン、階段のないバスの乗降口などをデザインした。

パトリシア・ムーアは、電話機を発明したベルや飛行機を発明したライト兄弟のように、ビッグEを発揮して世の中に存在しなかったものを創り出したわけではない。その代わりに彼女は、ミドルEを通してミドルCを発揮したのだ。

AIにできないことは共感し創造すること

私の知人に建築家がいる。私がいま暮らしている木造住宅を建てるときに知り合った人だ(46)。木造住宅はコンクリートに比べて健康に良い反面、管理が難しいという短所がある。とくに、水を多く使用する浴室での漏水問題が悩みである。いくら防水工事に力を入れても、木造住宅の特性上、水によく触れる部分はどうしても少しずつ腐食してしまう。木が腐る兆しが見えたらすぐに金をかけて防水工事をするしかない。私はこの問題について多くの建築家と話をしてみたが、誰もが口を揃えて防水工事を徹底するしかないといった。しかし、知人の建築家は、この問題を非常に簡単な方法で解決した。彼は木が痛みやすい箇所に鉄板を打ち付けたのだ。そして、一般業者が使うよりも5〜6倍は防水効果が高い水族館用の防水ペイントを塗布した。たったこれだけだ。私が「こんなに良い方法をどうやって思いついたのか」と尋ねると、彼はこう答えた。

「家を作る人の立場から考えると、既存の方法以外には理論がないんですね。しかし、私が建てた家でずっと生活していく人の立場で考えたら、新しい方法を思いつくんです」

彼の功績とは、自分が住む地域社会の中で、自分の会社と建築契約をした少数の人々が喜ぶ程度だ。一言でいうなら、彼はリトルE（共感）を通じてリトルC（創造的発想力）を発揮した代表的な事例だといえる。

人間にできてAIにできないこと

考えてみよう。AIが聴覚障がいを持つ母親のために胸を痛めて、全世界の聴覚障がい者の痛みに共感し、新しい補聴器に続いて電話機まで発明することができるだろうか？　関節炎を患う祖母に料理する喜びを取り戻してあげたいという思いから老人の扮装をして約3年以上をかけて116都市を訪れ、既存のデザイン文化に革新を起こすことができるだろうか？　また、建築家ではなく家主の立場で木造住宅の浴室の漏水問題を見つめ、小さな革新を起こすことができるだろうか？　絶対に不可能である。

だから世界的な学者とAI専門家は、人工知能時代に人間が身に付けるべき必須の能力として、共感能力と創造的発想力を挙げている。そして、先進国はずいぶん前から学校と職場などで共感能力と創造的発想力を育てるプログラムを運営しているのだ。

ここで考えてみよう。

「共感能力と創造的発想力を備えることができなかった人々は、今後どうなるのだろう？」。

COLUMN

善きサマリア人

『新約聖書』ルカによる福音書第10章には、あるユダヤ人律法学者がイエス・キリストを訪ねてきて試そうとする場面が出てくる。律法学者は唐突にこのように尋ねる。
「どうしたら永遠の生を得ることができますか？」
　イエス・キリストは「律法には何と書かれていますか？　そして、あなたはそれをどう読みますか？」と聞き返す。律法学者は直ちに答える。
「はい。心を尽くし、命を尽くし、力を尽くし、志を尽くしてあなたの神を愛し、またあなたの隣人をあなた自身のように愛しなさいと書いてあります」。
　すると、イエス・キリストはこのように答えを示してくれる。
「あなたが答えたことが正しいです。そのとおりにしてください。そうすれば永遠の生を生きられるでしょう」。
　律法学者はさらに尋ねる。
「私の隣人とはいったい誰ですか？」
　このときのイエス・キリストの答えが、かの有名な「善きサマリア人」の寓話である。ユダヤ人祭司とレビ人が急いで聖殿に向かっている途中、ひどい強盗にあって道に倒れ、呻いている人を目撃する。よく見ると自分たちと同じユダヤ人だ。祭司とレビ人は、被害に遭った同族を助けなければいけないことをよくわかってはいたが、なぜかふたりとも強盗にあった人を助けることなく、足早に通り過ぎていった。しばらくすると、また別の人がやってきて強盗にあったユダヤ人を見つける。彼はユダヤ人が軽蔑するサマリア人だったが、直ちにけが人の身体をワインと香油で消毒したあと、彼を近くの宿屋に運んだ。翌日、彼は宿の主人に金貨二枚を渡してこう言う。

「この人の面倒をよく見てやってください。もし費用がさらにかかるなら、私が戻って来てお渡ししますから」。

イエス・キリストは、善きサマリア人の寓話を聞かせたあと、律法学者にこう尋ねる。

「この3人のうち、誰が強盗にあった人の隣人ですか？」

律法学者が「慈悲を施した者です」と答えると、すぐにイエス・キリストはこう答える。

「あなたもそうしてください」。

Epilogue

感謝のことば

執筆を始めてから完成まで、ちょうど1年1ヵ月かかった。私はその13ヵ月間、どう過ごしたか。人間らしい暮らしとはほど遠いものだった。誰にも会わず、落ち着いて食事をすることもなく、ぐっすり眠ることもなかった。そんな不幸な（?）生活を共にしてくれた妻チャ・ユラムと2人の子ハンナ、エイルに感謝の気持ちを伝えたい。やっと執筆を終えたいま、しばらくは人間らしく生きてみようと思っている。夫と父親としての役割もしっかり努めたい。

本を書く間、多くの人が祈ってくれ、応援してくれた。とりわけ年老いた両親が、毎日息子のために熱く祈ってくれた。義父と義母も、たくさん助けてくださった。脱北者救出プロジェクトを共に行っている「スーパーマン」牧師と海外の貧困地域に学校を建てるプロジェクトを共に行っているドリームス・ドリームのイム・チェジョン代表も、何度も心から祈ってくれた。病気が再発して2年間療養していたジョン・ファイル代表は、動けるようになるとすぐに私を訪ねて来て応援してくれた。狎鴎亭《アックジョン》パシノ美容室のキム・ピルソン院長は、私のぐちゃぐちゃになった髪を、この世のものとは思えないようなハサミ捌きでリフレッシュしてくれた。そのたびに、さわやかな心で執筆に臨むことができた。私が原稿を書くのがとても大変であると愚痴を書き込むたびに、ファンカフェの会員、Facebook・インスタグラムの友人、イ・ジソンTVの視聴者の皆さんが心のこもった応援と激励のメッセージを送ってくれた。だからこそ、私はまた頑張ることができた。この場を借りて、祈ってくれた皆さん、応援してくれた皆さんに感謝の気持ちを伝えたい。そして、この本を読んでくれるすべての方々にも感謝の気持ちを伝えたい。つまり、私がこの本に関してここで述べるべきことは、結局のところ、これだけなのかもしれない。「ありがとうございます！」

2019年７月29日
坡州《パジュ》の書斎で
イ・ジソン

AI時代に起こりうること—予測可能な未来

●人型感情知能ロボット「ソフィア」は、喜びと悲しみのような単純な感情はもちろん、混乱・挫折・苦悩のような人間固有の感情を約62種類も顔に表しての対話が可能であり、サウジアラビアで市民権まで獲得している。このロボットの開発者ハンソン・ロボティクスの設立者デビッド・ハンソンは、人工知能の未来を次のように予測した。「AIロボットは、2035年にほとんどすべての領域で人間を追い抜くことになり、2045年に人間と等しい市民権を持つようになる」。

●アメリカのコロンビア大学、ジョセフ・スティグリッツ教授は、2017年にドバイで開かれた世界139ヵ国のリーダー約4,000人が参加した第5回世界政府サミット（World Government Summit）で次のように発表した。「今後AIが人間の雇用に及ぼす影響、これが私の最も心配することである。AIによって人間の職業すべてが消えることもあり得るからだ」。

●経済協力開発機構（OECD）が2018年に発表した「人工知能報告書」によれば、今後人間の職業の約50％がAIによって置き換えられ、その格差はますます大きくなる。

●アメリカのホワイトハウスは、2016年に「AIと自動化が経済に及ぼす影響について（Artificial Intelligence、Automation and the Economy）」と題した報告書を発表した。同年に発表した「人工知能の未来に対する報告書（Preparing for the Future of Artificial Intelligence）」に続く、人工知能に関する二番目の報告書だった。主な内容は次のとおりである。

「現在、AIと自動化によって数百万人に及ぶアメリカの労働者の生計が脅かされる状況に直面しており、今後その危険度はさらに高くなる。よって、国家レベルでこれに備えなければならない」。

●世界的なコンサルティング企業であるマッキンゼー・アンド・カンパニーは2017年、「人工知能の発達によって2030年までに全世界で8億人以上が失職することになる」という報告書を発表した。この報告書には、人工知能技術がいますぐにでも人間の雇用の50%を代替しうるレベルに達しており、2050年には人間の雇用の100%を代替できるレベルまで発展するという内容も含まれている。

●世界3大経営コンサルティング企業のひとつであるボストン・コンサルティング・グループ（BCG）は、2015年に発表した「先端ロボットの台頭によってもたらされる製造業の飛躍的な生産性向上について（Takeoff in Robotics Will Power the Next Productivity Surge in Manufacturing）」で、2025年までにロボットによって労働が一番多く置き換えられる国家として大韓民国を名指しした。この報告書によれば、韓国は2025年までに実現するロボットによる労働コスト削減が33%で、世界1位である。

●世界的なIT諮問会社フォレスター・リサーチは、2015年に「AIとロボット等の発達によって、2025年までにアメリカだけで2,270

万件の雇用が消滅する」と発表した。

- アメリカの代表的なシンクタンクであるハドソン研究所は、2014年に「今後AIは私たちの想像を超えるレベルで人間の雇用を奪うことになる。2035年には人間の雇用の約50%程度がAIによって消えると予測される。人間は、AIが持つことのできない新しい能力を開発して、ここに立ち向かわなければならない」と発表した。

- バンク・オブ・アメリカ（B of A）は、2015年に「知能を持った機械の登場」を主題にした報告書を発表して、「2025年までに日本の雇用の49%、ヨーロッパの雇用の35%、アメリカの雇用の40%以上が知能型機械によって置き換えられる可能性がある」と発表した。

- アメリカ・コンピューター協会（ACM）が制定したゲーデル賞を受賞した理論コンピューター研究者であり、アメリカのライス大学コンピューター工学科のモシェ・バルディ教授は、2017年にアメリカ科学振興協会（AAAS）の定例会議に参加し、次のように発言した。
「ほとんどすべての職業で、AIが人間の能力を超越する時代に突入している。(…)AIは今後30年のうちに、人類の半分以上を失業状態にするだろう。(…)その時代が目の前に近づく前に、社会的に準備しておかなければならない。」

- イギリスの中央銀行であるイングランド銀行（BOE）は、次のように発表した。
「2015年にAIによってアメリカ国内の雇用の8,000万、イギリス国内の雇用の1,500万が消滅するおそれがある」。

- イギリスのオックスフォード大学と日本の野村総研は、2016年に日本の職業601種を対象に、AIによって置き換えられる可能性に関して共同で調査した結果、次のように発表した。
「日本で職業を持っている人口の50％は、2025年から2035年の間にAIによって置き換えられる」。

- 豪州経済開発委員会（CEDA）は、2015年に発表した報告書で、2030年までにオーストラリアの雇用の40％がAIによって置き換えられる可能性があると見通した。また、オーストラリアのコンサルティング業者アルファベータは、2030年までにオーストラリアの雇用300万人がAIによって失われる危険性があると予測した。

- 日本の経済産業省は、2016年に「今後日本政府が人工知能とロボットの関連法を十分に整備しなければ、2030年までに735万人の失業者が発生する。一方、関連法を整備すれば、失業者を161万人のレベルまで抑制することができる」という内容の報告書を発表した。

- LG経済研究院が2018年に発表した「人工知能による職業危険診断」報告書によれば、韓国全体の就業者約2,660万人中1,136万人がAIに置き換えられる可能性が高いことが明らかになった。

- KT経済経営研究所は2016年に発表した「人工知能、完成へ」という題目の報告書で、AIが国内医療や法律、教育などの分野に本格的に進出する時点を2025年と予測した。

● 韓国科学技術企画評価院（KISTEP）が2018年に発表した人工知能報告書によれば、韓国の人工知能専門家たちは、韓国は2027年ごろにAI中心の社会に変わると予測している。

● 世界的なITリサーチ&アドバイザリ企業であるガートナーは、2017年に「人工知能が人間の雇用に及ぼす影響」について発表したが、これによれば2023年に医師や弁護士、教授など専門職の3分の1以上がAIに置き換えられ、2030年には90%以上が置き換えられる。

● 国連の「Vision2045」は、医師・薬剤師・判事・検事・弁護士・記者・通訳・翻訳家・税理士・会計士・財務設計士・金融コンサルタントなどの職業が2045年にはAIによって完全に消滅すると予測した。

● 世界未来学会（World Future Society）は、2013年にFuturistを通じて「2030年に消える10の職業」を発表したが、ここには「医師」と「教師」が含まれている。

● “未来学の父”“Google選定未来学者世界第1位”などのタイトルを持っているダヴィンチ研究所所長のトーマス・フレイは、AIによって医師・薬剤師・弁護士・会計士・弁理士などの雇用が2030年には完全に消滅するだろうと予測した。また、全世界の大学の50%が2030年に消えるとも予測した。

● 世界最高の人工知能教育を目標にして設立されたシリコンバレーの大学Udacityの共同創設者であり、最高経営者であるセバスチャン・スランは2012年に、この先50年後には、全世界で今日大学と呼ばれている機関はわずか10カ所くらいしか残らないだろうと予測した。

●ハーバード大学とMITが人工知能時代にふさわしい教育のために共同で設立した非営利教育機関edX（エデックス）のジョン・シュワルツ代表は、「韓国大学新聞」が2017年に用意した「人工知能時代に韓国教育が進むべき道」を論議する特別座談会で次のように述べた。「私たちは早ければ2030年、遅くとも2050年までに人間の働き口の50％以上が消失すると考えている。50％という数値は、非常に現実的であると思う」。

●イギリスのオックスフォード大学は、2013年に発表した「雇用の未来」で人工知能技術発達による雇用の未来を次のように予測した。

「今後10〜20年以内に雇用の50％以上がAIロボットによって置き換えられる」。

「医師・弁護士・会計士・記者・金融関係者・司法書士など専門職が単純労働職より先に置き換えられる」。

●イギリスのウォーリック大学教授スティーブ・フラー教授は、著書Humanity 2.0で、2030年にAIが医師・薬剤師・判事・検事・弁護士・教師・公務員などはもちろん、一般事務職まで取って代わるようになり、これによって中流階級が大量失業に追いやられるだろうと予測した。

●未来学者であり、ロンドン・ビジネス・スクール教授のグレイム・コドリントンは、「AIの発達によって現在私たちが羨むような職業は、2025年にはすべて消える」と予測した。

●イスラエルのヘブライ大学歴史学部教授であり、『サピエンス全史』、『ホモ・デウス』などの著者であるユヴァル・ハラリは、人工知能の未来をこのように見通した。
「いま学校に通う子どもたちが40代になったころ、世の中は人工知能によって革命的に変わっているだろう。現代では最高の専門職である医師、薬剤師、判事、検事、弁護士、会計士などはAIによって置き換えられているはずだ」。

●日本国立情報学研究所（NII）で人工知能開発プロジェクトを総指揮している新井紀子教授は、2010年に「20年後の2030年には、ホワイトカラーの50％がAIによって置き換えられる」と予測した。

●世界経済フォーラムが発表した「主要技術とティッピング・ポイントの展望」（2016年）によれば、人工知能の発達によって2025年に現存する職業の40％以上が消滅する。同年に発表した「職業の未来」報告書によれば、2016年に小学校に入学した子供たちが社会に進出する頃、つまり2032〜2035年頃には、現存する職業の65％が消滅する。そして今後消滅する職業のうち3分の2は、医師、薬剤師、判事、検事、弁護士、教師、公務員、銀行員、税理士、会計士、関税士など専門職と大企業社員のようなホワイトカラーであることが予想される。

●韓国雇用情報院は、2017年に「技術変化による雇用影響研究」という題目の報告書を発表した。報告書の主な内容は次のとおりである。
「医師業務の33.3％が2025年に、70％が2030年にAIに置き換えられる」。

「薬剤師業務の84.2%が2030年にAIによって置き換えられる」。

「判事・検事業務の34.5%が2025年に、58.6%は2030年にAIによって置き換えられる」。

「弁護士業務の37%が2025年に、48. 1 %が2030年にAIに置き換えられる」。

「教授業務の59.3%、記者業務の52.4%が2030年にAIに置き換えられる」。

「2025年に国内雇用の60%以上がAIに置き換えられる」。

「2030年には、国内の職業398種が要求する能力のうち84.7%は、AIが人間より優れているか同程度になる」。

●サン・マイクロシステムズの共同創業者であり、世界的ベンチャーキャピタルであるコースラ・ベンチャーズのCEOビノッド・コースラは、2012年に医師の未来をこのように予測した。

「2030年には医師の80%がAIによって置き換えられる」。

●企業知識財産権分野で世界最高の権威と呼ばれるジョージ・ワシントン大学ロースクールのランドール・レーダー教授は、2017年に韓国の経済誌のインタビューで次のように語った(1)。

「AI判事は人間の判事よりも公正かつ迅速な裁判を行う。(…)私は連邦巡回区控訴裁判所(CAFC)などで30年近く判事を務めた。このうち4年間は裁判長をした。(…)私の予測では、AIは今後5年以内に判事と検事はもちろん、大半の法曹界雇用を奪うだろう」。

●イギリスのヴィクトリア大学ウェリントンの学長を歴任し、バッキンガム大学副総長として在職中の世界的な教育者アンソニー・セルドンは、2017年に次のような発表をした。

「全国教師連合が聞けば衝撃を受けるであろうが、AIは人間の教師より学生を知的によく成長させている。(…)AIはすでに、アメリカ西海岸にある学校を驚くほどに変化させている。私の予測では、今後10年以内にAIが学校で人間教師に置き換わることになるだろう。学生たちは各々AI教師と共に全教育課程を履修することになるだろう」。

●イギリスのシンクタンクであるリフォーム（Reform）は、2017年に発表した「人工知能と雇用」関連報告書で、2030年までにイギリスの公務員25万人と公衆保健に携わる数万人がAIによって置き換えられるとの見通しを示した。とりわけ、政府機関管理職の90％がAIによって置き換えられると予測した。

●韓国職業能力開発院は、2017年に国内金融業界の従事者約75万8,000人（2015年時点）のうち約80％に相当する約60万5,000人が、AIによって働き口を失うだろうと発表した。

●シティグループは、2018年に発刊した報告書「銀行の未来」を通じてAIによって2025年に全世界の銀行支店の50％以上が消滅し、銀行員も50％以上が失職すると予測した。

●韓国金融経済研究所は、2018年に発表した「第4次産業革命時代の銀行員の雇用危機実証調査及び留意点」という研究報告書で、韓国の銀行員の62. 2％が2025年から2030年の間にAIによって失職すると予測した(2)。

原註

「とどまるか、跳び込むか」

1　この話は実話である。アンディ・モカンの話が広く知られた背景は次のとおりだ。爆発事故が起こった海洋油田プラットフォームで生き延びたアンディ・モカンの情報が、当時のメディアを通じて大きく報道されるとすぐに経営学界が注目して、それ以後経営学界ではアンディ・モカンの「炎に覆われた甲板」の話を企業の危機を論ずる際のお決まりの逸話として用いた。しかし、せいぜい企業関係者と経営学者程度しか知らない逸話だった。そのうち、2011年にノキアの最高経営者が、アンディ・モカンの「炎に覆われた甲板」の話をして社員に強力な変化を求めたところ、これを全世界のメディアが大々的に報道して大衆に知られるようになった。

Prologue
ジョブズはなぜ死の直前まで人工知能にこだわったのか

1　ディールス他著、キム・インゴン他訳、『ソクラテス以前の哲学者の短編選—The Fragments of Presocratic Philosophers』、アカネット、2005年。

2　現在は一部の人間関係を回復した。

3　20億ドルを当時の為替レート約1,130ウォンで計算すれば、約2兆2,600億ウォンである。

4　この発言は1997年のものである。韓国では2004年に紹介されたと認識している。

5　この報告書は、ユ・ギユン、キム・ジョンオク、キム・ジヨン著『未来社会報告書』（ラオンブック、2017年）として出版された。

6　ユ・ギユン教授チームは「人工知能」の代わりに「人工知性」という用語を用いた。未来の人工知能は単に知能だけあるのではなく、感情、意志、自意識まで備わった存在として、人間とほとんど変わらないはずであるため「人工知能」よりは「人工知性」という用語が相応しいと判断したからであるという。ここでは本の流れ上、「人工知能（AI）」と称する。

7 元の表現は「一生職業不安定に苦しむ」だが、もう少しわかりやすい表現に変更した。

8 これについては、ユ・ギユン、キム・ジョンオク、キム・ジヨン著『未来社会報告書』（ラオンブック、2017年）を参照のこと。

Part1
AIに仕事を奪われない8つの思考法

1 ここで述べたペニンシュラは、Waldorf School of the Peninsulaのことである。Googleのエリック・シュミット会長の子どもたちもこの学校に通っているという話がある。親が会社役員の子もいるが、一般社員の子たちも通っている。

2 クォン・オソン記者、「シリコンバレーにはコンピューターのない学校がある！ その理由とは?」『ハンギョレ』、2015年1月26日。

3 デイビッド・サックス著、加藤万里子訳『アナログの逆襲』(The Revenge of Analog)、インターシフト、2018年。

4 ダン・シャピロの言葉である。Dan Shapiro, Hot Seat: The Startup CEO Guidebook, O'Reilly Media, 2015.を参照。本の著者紹介によれば、ダン・シャピロは3Dレーザー・プリンターを作るスタートアップ企業、GlowforgeのCEOであり、キックスターター史上一番売れたボードゲームであるロボット・タートルズの製作者だ。Googleの子会社であるGoogle Comparison、比較ショッピング・サービス、Sparkbuy、モバイル写真編集サービス、フォトバケット（Photobucket）のCEOを歴任した。

5 Google会長のエリック・シュミットが作ったスローガンである。

6 ラリー・ペイジの共感能力と創造的発想力は、IT事業に限定されたものである。

7 ピーター・シムズ著、アン・ジンファン訳、『リトル・ベット』(Little Bets)、185ページ、Eco ui soje、2011年。

8 高校でコンピューターを教えたという話もある。

9 彼らは数学者であり、哲学者（論理学者）だった。彼らは科学者とともにコンピューターと人工知能の開発を主導した。

10 ミッチェル・レズニック著、村井裕実子・阿部和広訳『ライフロング・キンダーガーデン』日経BP、2018年。

11 アメリカのイリノイ大学医学部精神科の准教授だった。論文名は次のとおりである。 Warren S. McCulloch, Walter Pitts、“A Logical Calculus of Ideas Immanent in Nervous Activity”, The bulletin of mathematical biophysics VOL 5, 1943.

12 ダニエル・コイル作、パク・ジフン訳、『最高のチームは何が違うか』(The Culture Code)、88〜89ページ、ウンジン知識ハウス、2018年。

13 人間的・社会的共感がすなわち創造的共感である。人間的・社会的に共感することができてこそ、人間と社会のための創造と革新が可能だからである。しかし、ハーバードの医学部が追求する共感教育の焦点は、対話と討論で人間的・社会的共感能力を育てこれを創造的共感に連結及び発展させること、すなわち昇華させることに照準が合わされているためこのように述べたのである。おそらくハーバードの医学部は、人間的・社会的に共感したとしてもこれが創造と革新に繋がることはあまり多くないという現実を認めて、これを乗り越えるために共感を人間的・社会的共感と創造的共感に分けた後、このふたつをひとつにつなぐ教育課程を創出したようだ。

14 バーナード・ロス著、シン・イェギョン訳、『成就習慣』(The Achievement Habit)、122ページ、アルキ、2016年。満3〜8歳の児童。バーナード・ロスは85%程度と言ったが90%とする資料が多いため90%を採用した。

15 正確な内容を述べれば、「ジョン・マッカーシーがスタンフォードに人工知能研究所を設立する予定で、ロボット装置を開発しようとしているのだが、機械デザインと機械工学に関する専門知識を提供してくれる人が必要なんだ。私の考えでは君が適任なようだが」である。

16 バーナード・ロス著、シン・イェギョン訳、『成就習慣』(The Achievement Habit)、329〜330ページ、アルキ、2016年。

17 スタンフォード大学Dスクールのデザイン・シンキングは、主に技術とビジネスに革新を起こすことを追求している。

18 デザイン・シンキングが今日のような意味を持つようになったことには、ジョン・アーノルドとハーバート・サイモンが定義したデザイン・シンキングの意味を忠実に継承して発展させたスタンフォード大学教授ロバート・マッキムとハーバード大学教授ピーター・ロウの功績もある。ロバート・マッキムとピーター・ロウが打ち立てた「デザイン・シンキング」の概念は、デビッド・ケリー、ラリー・ライファー、バーナード・ロスなどに継承された。

19 スタンフォードに行った年は1959年、バーナード・ロスに教授職を提案した年は1961年である。

20 バーナード・ロス著、シン・イェギョン訳、『成就習慣』(The Achievement Habit)、325〜328ページ、アルキ、2016年。

21 バーナード・ロス著、シン・イェギョン訳、『成就習慣』(The Achievement Habit)、26ページ、アルキ、2016年。

22 もちろん22種類の方法のうち一部またはすべてを使っても良い。ちなみに、本文から抜けている12種類の方法は、「リスト作成」、「メタリスト、すなわち作らなければならないもののリスト作成」、「形態論的な分析をする」、「ユーモアを持つ」、「強制的に変形する」、「シネクティクス(synectics)する、すなわち互いに関係なく見えるものを組み合わせて新しい何かを導き出す」、「アイデアを導く活動と関連する物理的過程を描く」、「『もし〜ならばどうする?』という質問を投げかける」、「意思決定の行列式を作る」、「抽象のはしご、すなわちなぜ問題なのかと問題をどう解決するのかを図表にする」、「鼻で考える」、「自分を図表で表現する」などである。

23 「99年、旧情報通信省とスタンフォード大学・MBAが協力して開設したベンチャービジネス課程で、キム・ジョンジュ代表（ネクソン）、チョン・ハジン委員（ハングル・コンピューター）、ソン・ビョンジュン代表（ゲームヴィル）、ナ・ソンギュン代表（NeoWiz）、パク・ジョン代表（Com2us）などの代表ベンチャー企業人を含め、5年間で約250人の修了生を輩出」、未来創造科学部報道資料、2014年9月15日。

24 「アメリカでは18歳になれば親から独立するのが普通である。(…) 韓国の大学生のうち相当数が親から学費をもらうのはもちろん、事業を始めるときさえ親に頼るのは"衝撃"である。子どもの失敗を恐れるあまりに大企業入社などの安定した道だけを願う韓国の親の姿勢も問題だ。(…) 政府が何らかの制度を通じてスタートアップを育成する前に、親の思考の転換が先になされねばならない。」スタンフォード大学Dスクール教授ラリー・ライファーとSAPコリア専務クリストファー・ハンの対談を編集したキム・ミヒ記者「［第6回モバイルコリア・フォーラム基調演説者］ラリー・ライファー米スタンフォード大Dスクール教授」および、『ファイナンシャル・ニュース』（2015年6月28日）の記事からラリー・ライファーの発言内容の一部を修正、編集した。

25 この文章は、ラリー・ライファーの次の三つの発言を基礎にしている。

① スタンフォード大学Dスクール教授ラリー・ライファーとSAPコリア専務クリストファー・ハンの対談を編集したキム・ミヒ記者「［第6回モバイルコリア・フォーラム基調演説者］ラリー・ライファー米スタンフォード大Dスクール教授」、『ファイナンシャル・ニュース』（2015年6月28日）の記事の中のラリー・ライファーの発言。

「デザイン・シンキングは、自ら問題を見つけて答えを探す過程それ自体だ。そのためには何より暗記式、詰めこみ式教育から脱しなければならない。」

② グローバルHRフォーラムの期間（2006年11月8〜10日）中に開かれたスタンフォード大学教授ラリー・ライファーとイノデザイン社長キム・ヨンセの対談を整理したイ・サンウン記者の「[もう一度見るグローバル人材フォーラム]（学者リレー対談）(8)ライファー教授＆キム・ヨンセ社長」、『韓国経済』（2006年11月20日）の記事の中のラリー・ライファーの発言。「学校をデザインしなおす必要がある。少し過激に言えば、学校を解体（knock down）しなければならないかも知れない」。

③ キム・スンニョン記者の「[新年インタビュー] 米スタンフォード大ラリー・ライファー教授に聞く」『東亜日報』（2008年1月12日）の記事中のラリー・ライファーの発言。

「学校教育は(…)“体系的かつ構造的に”クリエイティビティを殺す。中学校1〜2年生にもなれば、大学受験に没頭して単純な事実だけを学ぶようになる。独創的動機を失くす時期になるのである。(…)スタンフォード大でも一方的な講義とテキストに依存した学習の比重が98%を占める。工科大学の中のデザイン学校である「Dスクール」は、これを乗り越えるために作られた。(…)学生に“ボス”のような先生は必要ない。仲間から学ぶような形にしなければならない。5人でも多く、3人が一番良い。こういうやり方でこそ、さらに多くを学び、さらに長く記憶して、活用もずっと上手くできるのだ」。

26 キム・テヒョン檀国《ダングク》大学大学院データ・サイエンス学科教授は2017年5月9日、『デジタル・タイムズ』に寄稿した「[フォーラム] 開放型革新文化の創造が急がれる」で、去年シリコンバレーの先端プラットフォームとして全世界的に注目されているスタンフォード大学Dスクールで会ったラリー・ライファー教授が話したことが頭から離れないと言って彼の話を次のように伝えた。「韓国の人々は、自分たちが十分に独創的ではないと考えているようですが、私はあなたたちが十分に独創的だと思います。しかし、あなたたちはそれを知らないか、またはこのような能力を自由に表現できる生態系的環境を作らなかっただけです」。

27 「持続的に質問を投げかけ、問題点を探してこれを解決するという切迫した心情を持つとき、デザイン・シンキング、すなわち創造的な成果を生み出すことができる。」キム・ミヒ記者「[第6回モバイルコリア・フォーラム基調演説者]ラリー・ライファー米スタンフォード大Dスクール教授」、『ファイナンシャル・ニュース』(2015年6月28日)。

28 「内部構成員同士でたくさん対話し考えを共有するとき、最も良い成果を出すことができる。このような点がデザイン教育に反映されなければならない。私はこのような問題意識を持ってスタンフォード大学工学部内に『Dスクール』というものを作った。一種の協同学習で、工学・美学・哲学・人文学・社会学など多様な分野を専攻した人々が、デザインを主題に集まって新しい可能性を探るのである」。

イ・サンウン記者「[もう一度見るグローバル人材フォーラム](学者リレー対談)(8)ライファー教授&キム・ヨンセ社長」、『韓国経済』(2006年11月20日)

29 「99年、旧情報通信省とスタンフォード大学・MBAが協力して開設したベンチャービジネス課程で、キム・ジョンジュ代表(ネクソン)、チョン・ハジン委員(ハングル・コンピューター)、ソン・ビョンジュン代表(ゲームヴィル)、ナ・ソンギュン代表(NeoWiz)、パク・ジヨン代表(Com2us)などの代表ベンチャー企業人を含め、5年間で約250人の修了生を輩出」、未来創造科学部報道資料、2014年9月15日。ホ・テジュン記者「哲学1科目が私の人生を変えた」『美州中央日報』(2018年1月16日)の記事に出てくる表現である。ハンギョン経済用語辞典は「ベンチマーク」について次のように説明している。「投資の成果を評価するときの基準になる指標のこと。投資収益率がベンチマークより高ければ超過収益を達成したものと見て、成功的な投資として評価する」。

30 2019年5月2日の為替レート1ドル=1,167ウォンを基準に計算。

31 ビル・ミラーの多くのインタビューと著書などに出てくる人工知能と哲学に関する発言を適切に再構成した。

32 具体的な話をすれば、ビル・ミラーは法科政治倫理学博士課程で学んだ。

ジャネット・ロウ著、コ・ヨンテ訳『ビル・ミラーの技術株投資』(The man who beats the S&P)、43ページ、フルム出版、2010年。

33 ウォーレン・バフェット、ジョージ・ソロスに次ぐ世界三大投資家とされるジム・ロジャースも、人工知能投資企業、ロジャーズAIグローバル・マクロ・ETF（Rogers AI Global Macro ETF, BIKR）を通じてAIを秘書のように従えながら最高の実績を挙げているが、彼もやはり自身の成功の秘訣を「哲学」と「歴史学」のおかげであると明かしている。

34 トーマス・ラッポルト著、カン・ミンギョン訳『ピーター・ティール』(Peter Thiel)（アングル・ブックス、2019年）に出てくるコピーと、著者紹介などを適切に編集した。

35 トーマス・ラッポルト著、赤坂桃子訳『ピーター・ティール』(Peter Thiel)（飛鳥新社、2018年）を参照のこと。

36 ピーター・ディアマンテスが明らかにした数字だ。50人と報道したメディアもある。

37 主に倫理学的・道徳学的対話と討論を行う。

38 西洋の私立学校と大学は、元来哲学的な教育を行ってきた。しかし、これは人工知能を念頭に置いたものではなかった。

39 トリビウムについて十分に説明するには、本一冊分の文章を書かなければならない。ここではごく手短に述べておく。

40 これらの主張を、著者の観点から適宜修正・追加・編集した。ジャネット・ロウ著、コ・ヨンテ訳『ビル・ミラーの技術株投資』(The man who beats the S&P)、43ページ、フルム出版、2010年。

41 パク・ハシク監修『国際バカロレアのすべて』(原題:『国際バカロレアとこれからの大学入試改革――知を創造するアクティブ・ラーニング』)(21世紀教育研究所、2019年）173～174ページを参照のこと。

42 フランスのバカロレアとスイスの国際バカロレア（BI）はその性質がかなり異なる。これについては、次の記事を参照されたい。

サン・ヒョンシク記者「フランスバカロレアと国際バカロレアは違う」(『オーマイニュース』、2018年9月17日)

43 もちろん、この二つの作業をすればもっと良い。

44 これについて詳細に知りたければ、キム・ヒョウン著『人工知能と倫理』(コミュニケーションブックス、2019年)をお勧めする。

45 これには法的責任の問題、つまり「事故が発生したとき法的責任を誰が負うのか。AIを開発した会社なのか、自動車メーカーなのか、乗車している人なのか」を始めとして、まだ解決されていない多くの問題がある。技術的な問題と安定性の問題も100％解決できていない。ここでは、倫理・道徳的問題だけを扱うことにする。

46 論文名は次のとおりである。"Why Self-Driving Cars Must Be Programmed to Kill", MIT Technology Review, 2015.10.22.

47 二人の対話内容は、適宜編集したことを明らかにしておく。

48 原則1、ロボットは人間に害を及ぼさない。原則2、ロボットは原則1に違反しない範囲で人間の命令に従う。原則3、ロボットは原則1-2に違反しない範囲で自らを保護する。ちなみにアイザック・アシモフは、1985年に「原則0、ロボットは人類に害を及ぼさない」を追加した。

49 オンライン画像を通した討論形式の教育である。

50 事業という特別な領域で発揮される共感能力と創造的発想力のこと。

51 ジェフリー・ダイアーとハル・グレガーセンは『イノベーションのDNA 破壊的イノベータの5つのスキル』(翔泳社、2012年)で創造的革新を行う人々の共通点として5つ、すなわち「質問する、観察する、ネットワーキングする、実験する、繋ぐ」を提示した。そしてこの5つの要素をひと言で要約すれば「好奇心」だが、これは世の中と人々を文化人類学的に観察することであると明らかにした。

52 日曜日には教会として使用される。

53 インターネットで「ドリームス・ドリーム」http://dreamsdream.org/を検索。

54 チョン・スングォン、イ・スンギ、チェ・ゴンヨンの3人。3人は、kusimamaジュニアチームで活躍していた。kusimamaは、NGOで働いていた実務者が集まって作ったアフリカボランティア活動チームである。

55 他のメンバーには学校の日程の都合で会うことが難しかった。

56 推定値である。20万人というデータもある。

57 エイダ・ラブレスはループ、ジャンプ、サブルーチン、IF文などを初めて作成した。『チャールズ・バベッジの解析機関に関する分析』には、エイダ・ラブレスが作成した「ベルヌーイ数」を求めるアルゴリズムが出てくる。イ・ジソン『考える人文学』、207ページ、11〜17行、チャイ、2015年。

58 チャールズ・バベッジは、エイダ・ラブレスが現代的意味における人工知能を考案するのに決定的な役割を果たしたが、彼の万能機械に対する構想はウォーレン・マカロックとウォルター・ピッツの「人工神経網」やアラン・チューリングの「チューリング・テスト」のような現代的意味での人工知能とはかけはなれているため、このように分類した。

59 チューリングが1950年に発表した「計算する機械と知性」に「レディー・ラブレスへの反駁」を収めた。ここでチューリングは、機械が学習を通じて自ら考えることができるはずだと主張した。面白い点は、チューリングのこの主張も反駁を受けたということである。チューリングの主張に対する代表的な反駁では、ジョン・サールの「中国語の部屋論争」がある。

60 この時期に、人工知能は文学と映画でも扱われた。子ども新聞『ニューヨークの少年』の連載小説『フランクリードと大草原の蒸気人間』(1870年代)、アメリカ人作家アンブローズ・ビアスの短編小説『モクスンの主人』(1899年)、チェコの劇作家カレル・チャペックの戯曲『R.U.R』(1920年)、フリッツ・ラングが監督した映画『メトロポリス』(1927年)が代表的である。この中で『モクスンの主人』はロボットの人間殺害を、『R.U.R』はAIによる人類抹殺を扱う。

Part2
180年前から始まっていたAIと人間の歴史

1　韓国も一部の教育庁で国際バカロレアを取り入れているが、その水準は非常に低いため言及しないことにする。

2　札幌開成中等教育学校は公立学校で、4年以上国際バカロレアをカリキュラムに編成している。

3　「『レポート完成前に、途中で随時確認を行います。単純にどのような形式でダンスをするかを書くのではなく、毎時間教師が配る様式に少しずつ計画を書き入れて構成していく方式です。初めは概略的に起承転結のストーリーを組みます。その次はダンスの「起」の段階を構成します』。レポートには、計8段階の「起」の部分を構成することができるように間を作っておいた。起承転結をすべて合わせて、32段階で構成することができた。学生の力量にしたがって、途方もなくたくさんの多様で複雑な振付を構成することが可能だった。深く考えて討論したあと、筋道が通るように文章を書いて完成するレポートである。とくに徹底的に、グループ別活動で進める方式だった。佐藤光教員は、『毎時間ごとに企画内容を修正しつつ、補うこともできます』『創作ダンスを学習する前と後を比べて叙述する問題も、9個書いて提出させます』と付け加えた」。

シン・ヒャンシク客員記者、「[日本教育評価革命⑧]体育授業にも『独創的作文』と『討論発表』を並行」、『読書新聞』、2018年1月23日。

4　クレディ・スイス（CS）の“2017 Global Wealth Report”を参照。

5　科学者と人工知能専門家、コンピューター専門家の言葉を編集し、再構成した。ちなみに、彼らの一部はディープ・ブルーの勝利を予測していた。

6　アルファ碁の核心となる技術「ディープ・ラーニング」は、ウォーレン・マカロックとウォルター・ピッツの「人工神経網」を基盤としている。ちなみに、ディープ・ラーニング技術はジェフリー・ヒントンにより2007年に世界に登場した。

7 ウォーレン・マカロックとウォルター・ピッツが理論上成立させた人工神経網のこと。

8 ブライアン・マーチャント著、チョン・ミジン訳、『ワン・デバイス』、毎日経済新聞社、2018年。第10章「さよなら、Siri」を参照のこと（とくに326ページ）。

9 iPhoneに搭載されたAI音声アシスタントSiriの概念と技術は、1960年代にARPAの支援下に始まり、2003年に復活したDARPAによって本格的に研究、開発されたという意味でこのように記述した。（ARPAの人工知能プロジェクトは政府による支援の下に熱心に進められたが、人工知能氷河期に差し掛かり中断される。やがて2003年にDARPAが「スタンフォード国際研究所」と始めた人工知能プロジェクトCALOとして復活する。スタンフォード国際研究所は、2007年にCALOプロジェクトのうちAI音声アシスタント研究を分離してスタートアップ企業を発足させる。ジョブズは、2010年4月に約2兆2,600億ウォン（約2,260億円）を支払ってそのスタートアップ企業を引き受ける。そして自らiPhone人工知能プロジェクトを指揮し、Siriを開発する）。

10 スーパー・ビジョンは、「ディープ・ラーニングの父」と呼ばれるジェフリー・ヒントンが率いるカナダのトロント大学人工知能研究チームが作った。

11 中国の精華大学が発表した「2018中国人工知能発展報告書」に出てくる内容である。韓国では『ニュースピム』がこの報告書の主な内容を報道した。ペク・ジンギュ記者、「超高速疾走、人工知能AI先進国中国の夢実る」、『ニュースピム』、2018年7月19日。

12 キム・ジュングン記者、「[Interview]キム・ジニョン知能情報技術研究院長」、『亜州経済』、2017年12月22日。

13 省略した内容は、「韓国の1年間の研究費予算は20兆ウォン（約2兆円）程度にのぼるが、人工知能にはせいぜい200億ウォン（約20億円）、300億ウォン（約30億円）程度しか使われません。」である。ちなみに、中国は2016～2018年の人工知能研究費予算として18兆ウォン（約1兆

8,000億円)、つまり年に6兆ウォン(約6,000億円)ずつの拠出を決定したと発表したことがある。

14 2023年現在。このうち三人は外国国籍取得者だ。

15 ソニーで開発したAIペット「aibo」のことである。

16 イ・ジソン著、『考える人文学』、209ページ、16〜18ページ、チャイ、2015年。

17 最近ビル・ゲイツは、人工知能の危険性について最も強力な警告をする人々のうち一人に変わった。人工知能伝道師からアンチ人工知能伝道師に変身したというべきか。

18 ブライアン・マーチャントの『ワン・デバイス』317ページによれば、アップルは1980年代にはすでにSiriの初期概念を持っていた。しかし、アップルはこのときは、会社の全力を人工知能に集中させることはしなかった。アップルが人工知能開発に本格的に参入したのは、ジョブズが復帰した後のことである。

19 マイクロソフトとAOLが購入すると提案したくらいに完成度は高かった。

Part3
10年後、あなたの居場所はない——AIに指示を下す人VS指示を受ける人

1 Kensho社のAIは、数百万ドルの年給をもらうモルガン・スタンレーのアナリスト15人が4週間以上かかってこなす仕事をたった5分で終えた。これをゴールドマン・サックスの600人に適用して単純計算すれば約200分、すなわち約3時間20分になる。15人でする仕事を5分で終えたら150人でする仕事は50分で終え、600人でする仕事は200分で終えるという計算である。もちろんこれは、前に述べたように単純計算に過ぎない。

2 実際には「IT企業である」と宣言した。しかし、当時のゴールドマン・サックスのいうITは人工知能のことであるため、このように表現した。

3 ゴールドマン・サックスは、2014年にKensho社に投資を決めた。Kensho社のAIは、ゴールドマン・サックスに2014年末または2015年の初めに導入されたと推定される。ここでは2014年末としておく。

4 これについては議論の余地がある。Googleの自動運転車は、330万キロメートルを運行する間に17件の軽微な交通事故を起こしたからである。しかしGoogle側によれば、これはすべて相手方車両に落ち度があるため「330万キロメートル無事故」と発表したという。Googleの自動運転車は、この発表以後でも小さな事故を数次にわたって起こしたが、その中にはGoogle側が誤りを認めたものもある。Google以外に他の企業が作った自動運転車の中には、死亡事故を起こしたものもある。

5 2011年後半と推定される。このときワトソンは、アメリカのメリーランド医大に入学して18ヵ月間、医学の教科書、医学論文、全世界の医薬品情報、患者治療のケースなどを勉強した。2013年にはアメリカのテキサスにあるMDアンダーソンがんセンターに入り医学の教科書と医学論文を追加で学習した。

6 大《テ》邱《グ》カトリック病院で開かれた「ワトソン（Watson for Oncology）導入1周年記念人工知能の未来医療シンポジウム」で発表された内容である。もちろん、アメリカ腫瘍学会の発表内容は、他のメディアも報道したことがある。これに関する詳しい内容は次の記事を参照のこと。ナム・スンニョル記者、「AIワトソンがん診断正確度90％以上」、『大邱新聞』、2018年4月18日。

7 放射線専門医の疑陰性率（がん診断を見逃した割合）が7％である一方、Enlitic（エンリティック）社のAIは0％だった。放射線専門医の擬陽性率（がんを不正確に診断した割合）が66％である反面、Enlitic社のAIは47％だった。

リュ・スンシク医療経営研究所所長、「［デスクコラム］AIと医療」、『釜山日報』、2016年3月21日。

8 この比較は、心臓超音波分析及び診断の第1段階についてだけ見たものだ。リマ・アルナウト博士チームは次の段階まで遂行することができる医療ロボットを開発中である。詳しい内容は次の記事を参照のこと。

チョ・インへ記者、「AI、心臓病診断で専門医を超える」、『ロボット新聞』、2018年4月3日。

9 イ・ヨンワン記者、「[サイエンスカフェ] 95%対86%…皮膚がん診断、AIが医師より正確だった」、『朝鮮日報』、2018年5月29日。

10 ホ・ジユン記者、「6大学病院、AIヘルスケア・コンソーシアム発足…患者離れ解消・報酬反映推進」、『朝鮮biz』、2017年10月31日。

11 ビョン・ソイン記者、「愛、離婚、憂鬱、感知すれば助言までするAI」、『時事ジャーナルe』、2017年12月6日。

12 チェ・ユンソプ著、『医療人工知能』、324ページ、クラウドナイン、2018年。「韓国デジタル・ヘルスケア分野の代表的な専門家」という表現は、出版社の著者紹介に従った。

13 前に言及したアメリカの南カリフォルニア大学研究チームの研究結果、嘉泉大キル病院キム・ヨンボ神経外科教授のインタビュー、チェ・ユンソプ所長の『医療人工知能』を参照のこと。

14 最後の四番目は、これらの意見を土台に私が予測したものである。

15 2017年4月ソウル、Coexで開かれた「薬剤師の未来を準備する集会」学術祭からの内容である。次の記事を参照のこと。

イ・ジョンファン記者、「ロボット・シェフの料理は避ける人々、ロボット調剤薬は歓迎」、『デイリー・ファーム』、2017年4月17日。

16 リーガルテックは「法律（Legal）」と「技術（Technology）」の合成語で、IT技術を通じて法律関係のサービスを行う産業を意味する言葉である。しかし、リーガルテックの核心は弁護士業務にAIを活用することであるため、このように表現した。

17 MBCドキュメンタリー「10年後の世界　第1部——素敵な新世界と仕事泥棒」に関する論評記事のうち、ダニエル・ビンスベルゲンのインタビュー内容の一部を再構成した。論評記事は下記を参考のこと。

チュ・チョルジン記者、「AIに雇用を奪われた人間『素敵な未来』はただの幻想ですか?」、『オーマイ・ニュース』、2018年5月1日。

18 イギリスのウォーリック大学の場合、エリオット・アッシュ教授がこれについて研究・発表を行った。もちろん、教授ひとりではなく彼の率いるチームが共同で研究を行ったため、このように表現している。

19 エリオット・アッシュ教授はAI法律家を無条件に肯定してはいない。詳しくは記事を参照のこと。トーマス・マコーリー、「AIが判決する“正義とは何か”」、『CIO Korea』、2018年7月24日。

20 コロンビア大学研究チームのジョナサン・レバーブが『ガーディアン』紙とのインタビューで明らかにした内容である。

21 トーマス・マコーリー、「AIが判決する“正義とは何か”」、『CIO Korea』、2018年7月24日。

22 ソン・シユン、ユン・ソクマン、パク・ヘリ記者、「[教室の終末] オーストラリアの幼稚園ではロボットが友達…一緒にヨガしてプログラミングも学びます」、『中央日報』、2018年10月3日。

23 キム・ウンヒャン記者、「『AIロボットと友達』中国の幼稚園、AI活用授業が話題」、『東亜日報』、2017年4月13日。

24 イ・ヨンソン次長、「[教育の“シンギュラリティ”が来る] “AI 死角地帯”を掘り下げよ。発明し、創造し、発見することができる思考能力がカギ」、『エコノミー朝鮮』248号、2018年4月30日。

25 チョ・インヘ記者、「日本、英語を話すロボットを主要な学校に配置」、『ロボット新聞』、2018年8月27日。

26 チャン・ギルス記者、「フィンランド小学校、ロボット教師試験導入」、『ロボット新聞』、2018年3月28日。

27 チャン・ギルス記者、「フィンランド小学校、ロボット教師試験導入」、『ロボット新聞』、2018年3月28日。

28 チョ・インヘ記者、「日本、英語を話すロボットを主要な学校に配置」、『ロボット新聞』、2018年8月27日。

29 人工知能とビッグデータ技術を活用した適応学習（adaptive learning）プログラムのこと。

30 チャン・ギルス記者、「米イェール大、『ソーシャル・ロボット自閉児童に治療効果』」、『ロボット新聞』2018年8月24日。

31 「学習放棄者から自閉症児童まで…AI教師の無限挑戦」、『Cisco Korea』、2017年11月16日。

32 キム・ヒョヒェ記者、「[Edu News] 自閉症児の仲良し“ソーシャル・ロボット”教頭、対話で治療します」、『毎日経済』、2018年5月9日。

33 スノーとQ.bo Oneは、学生をカウンセリングした後に報告書を作成して、学校側はこの報告書を土台にいじめ問題を解決した。

34 キム・ダリン記者、「[IBM通通テックライフ]『私の秘密？　AIに打ち明けます』」、『ザ・スクープ』、2018年8月17日。

35 キム・ミヒャン記者、「小学生の半数『AI先生でも大丈夫です』、」『ハンギョレ』、2016年6月1日。

36 もちろん、YouTuber、芸能人なども挙がったが、これらの分野での成功の可能性は専門職に比べればほとんど0%に近いため取り上げなかった。

37 キム・ヨンウン記者、「面接官になった人工知能…企業採用“AI面接旋風”加速」、『韓国経済』、2018年10月14日。

38 「NHKによると、千葉市は今年2月AIを試験的に導入して約8,000人の子どもを保育施設に割り振る作業を任せたところ、職員30人が50時間以上かけてする仕事をわずか数秒のうちにこなしたという。とても難しい作業にもかかわらず、公務員が手作業で割り振ったものとほとんど同様の結果であった」。

39 キム・ソヨン客員論説委員、「私たちが願う未来のAI公務員」、『東亜日報』、2018年10月28日。

40 カーツワイルが予測した代表的なものとしてはインターネット、検索エンジン、3Dプリンター、自動運転車などがある。

41 横軸が時間で、縦軸が技術発達速度の指数関数グラフ。

42 1990年に出版したThe Age of Intelligent Machines、1999年に出版したThe Age of Spiritual Machines、2006年に出版した『シンギュラリティーは近い』で同様の主張をした。

43 私が参考にした資料の中でも重要なものを「付録」に掲載した。関心がある人は参照してほしい。

44 現在、ニューカラー・スクールは韓国を含む5ヵ国で約110校ある。

45 詳しい内容は、ハワード・ガードナー、ケイティ・デイビス著、イ・スギョン訳、『アプリ・ジェネレーション』(The App Generation)(ワイズベリー、2014年)を参照のこと。

46 GN建設キム・ソンハン代表のことである。詳しい内容は、イ・ジソン、チャ・ユラン著、『夫婦の家造り』、チャイジョンウォン、2018年を参照のこと。

付録
AI時代に起こり得ること――予測可能な未来

1 ヨン・ギュウク記者「ランドール・レーダー前米連邦控訴裁判所長『AIが5年以内に判事を代替…司法不信は減るだろう』」『毎日経済』(2017年11月7日)の記事からランドール・レーダーの発言を再構成した。

2 金融経済研究所アン・ヨンベ理事が分析した。

韓国語で刊行された書籍の書誌情報は、日本語に訳して掲載しています。

イ・ジソン

韓国を代表する人文学作家。1993年から作家活動を始める。人文学以外にも、教育、自己啓発、など様々な分野にわたり、30冊以上の著書がある。代表作『夢をかなえる公式』(サンマーク出版)は世界で翻訳され50万部の大ベストセラーとなる。他に『リーディングでリードせよ』『考える人文学』『二十歳、絶対に負けないこと』などがあり、アメリカ、中国、台湾、ベトナム、インドネシアなどで翻訳出版されている。

黒河星子 くろかわ・せいこ

韓国語・英語翻訳者。京都大学大学院文学研究科博士後期課程単位取得退学。訳書に『花を見るように君を見る』『愛だけが残る』『アンニョン、大切な人。』(以上、かんき出版)、『今日はこのぐらいにして休みます』(飛鳥新社)などがある。

仕事《しごと》を奪《うば》われない8つの思考法《しこうほう》
AI時代《じだい》に「必要《ひつよう》とされる人《ひと》」になる

2023年9月20日　第一刷発行

著者　イ・ジソン
訳者　黒河星子《くろかわせいこ》
発行者　佐藤 靖
発行所　大和《だいわ》書房
東京都文京区関口1-33-4
電話　03-3203-4511

装丁　國分陽
イラスト　芦野公平
本文印刷　厚徳社
カバー印刷　歩プロセス
製本　小泉製本

ISBN978-4-479-79789-0

https://www.daiwashobo.co.jp